아메리카노 수필집

아메리카노 수필집

초판 1쇄 발행 2020년 7월 28일

지은이 고병휘
펴낸이 장길수
펴낸곳 지식과감성#
출판등록 제2012-000081호

디자인 장홍은
편집 이현, 장홍은
교정 박솔빈
마케팅 고은빛

주소 서울시 금천구 벚꽃로298 대륭포스트타워6차 1212호
전화 070-4651-3730~4
팩스 070-4325-7006
이메일 ksbookup@naver.com
홈페이지 www.knsbookup.com

ISBN 979-11-6552-283-4(03810)
값 14,000원

ⓒ 고병휘 2020 Printed in Korea

잘못된 책은 구입하신 곳에서 바꾸어 드립니다.
이 책의 전부 또는 일부 내용을 재사용하려면 사전에 저작권자와 펴낸곳의 동의를 받아야 합니다.

이 도서의 국립중앙도서관 출판예정도서목록(CIP)은 서지정보유통지원시스템
홈페이지(http://seoji.nl.go.kr)와 국가자료공동목록시스템(http://www.nl.go.kr/kolisnet)에서
이용하실 수 있습니다. (CIP제어번호 : CIP2020028161)

홈페이지 바로가기

• 고병휘 지음

아메리카노 수필집

저절로감정

프롤로그

사실 프롤로그에 뭘 써야 하는지 잘 모르겠다. 여지껏 책을 읽으면서 프롤로그를 유심히 읽은 적도 없어서 더더욱 감이 안 잡힌다. 다른 사람들은 멋있게 책의 시작을 알리는 것 같지만, 나는 그런 '멋짐'과는 거리가 먼 사람인지라 그냥 주저리주저리 말을 늘어놓아야 할 것 같다.

글을 쓴 지 2년이 넘었다. 딱히 거창한 이유 때문에 글을 썼던 것은 아니었다. 내가 유일하게 할 줄 아는 게 글 쓰는 것뿐이어서, 사람들이 재밌어해서 글을 썼을 뿐이었다. 조회수가 오르고, 사람들이 댓글을 달아주고 내가 쓴 글들이 여기저기 퍼져 나가는 게 왠지 모르게 뿌듯했다. 가끔 포털사이트 메인에 내가 쓴 글이 걸려 있는 것을 보면 글 쓰는 것을 끊을 수가 없었다. 어디서도 받아보지 못한 관심이었다. 그렇다고 하루아침에 유명인사가 된 것도 아니었고, 어디서 돈이 떨어지는 것도 아니었지만, 나는 만족했다. 내가 쓴 글이 누군가에게 읽히고, 공감을 얻는 것이면 충분했다. 그래서 더 열심히 글을 썼다. 인터넷 커뮤니티에 쓴 글의 조회수가 지속적으로 오르고, 거기에 달리는 댓글들을 읽으면서 왠지 모를 희열을 느꼈다. 그중에서도 '필력 좇된다.'는 댓글은 내가 글을 쓰는 이유이자, 원동력이었다.

이 악물고 더 열심히 글을 썼다. 생각했던 모든 것을 글로 옮기려고 했고, 사람들한테 보여주면 재밌겠다 싶은 소재들은 틈틈이 핸드폰의 메모장에 적으면서 글을 쓰곤 했다. 오로지 사람들의 관심을 먹기 위해서였다. 지금 쓰고 있는 이 책도 마찬가지다. 많은 사람들에게 관심을 받고, 사랑받기 위해 쓰고 있을 뿐이다. 사실 '글로 돈을 얼마나 버는가?'는 사실 크게 중요하지 않다. 적당히 국밥 사 먹을 정도만 벌 수 있다면 그것으로 만족한다. 다만 밥 한 끼를 포기하고 이 책을 사는 데 투자한 사람들의 돈이 아깝지 않게 하고 싶을 뿐이다. 물론 사람마다 생각하는 게 다르고, 경험한 게 다르다 보니 누군가는 내 글을 읽으면서 몹시 심기가 불편할 수도 있고, 다르게 생각할 수도 있겠다. 하지만 그런 것은 차치하고서라도 부디 너그러이 읽어주길 바란다. 술자리에서 친구들끼리 술 한잔하면서 떠드는 이야기에 굳이 진위 여부를 가리고, 누가 맞네 틀리네를 가리지 않는 것처럼 말이다.

음, 이제 할 말이 고갈됐다. 뭔가 근사하게 여러 사람에게 감사 인사를 해야 할 것 같지만, 그건 맨 뒤 페이지에서 하겠다. 아무튼 모자란 글을 재밌게 읽어주셨으면 좋겠다.

CONTENTS

프롤로그 · 4

1
첫 월급 받던 날 · 11
처음 받은 월급으로 엄마에게 선물을 사 드리며

2
대체 야근을 왜 하는 건데? · 20
사실 우리는 저녁까지 일할 필요가 없다

3
20살, 이력서에 쓸 말이 없었다 · 25
아르바이트 잔혹사 (1)

4
나의 새벽은 당신의 것보다 더 길다 · 31
아르바이트 잔혹사 (2)

5
나가! 옷 벗고 나가! · 41
아르바이트 잔혹사 (3)

6
내 돈 내놔! 이 자식들아! · 45
🐚 아르바이트 잔혹사 (4)

7
2016년 11월 어느 날, 퇴근길에서 · 53
🐚 그날 먹었던 순대국밥을 기억하며

8
국밥 예찬론 · 61
🐚 뜨끈한 국밥, 든든하게 먹어야지

9
엄마는 김치찌개를 드시지 못한다 · 67
🐚 김치찌개와 나

10
그 남자가 부산에 가는 이유 · 72
🐚 새벽 3시, 돼지국밥 먹기 좋은 시간

11
혼자 술 먹는 게 어때서요 · 77
🐚 혼자서도 잘 먹습니다

12
Once upon a time in cigarette · 85
🐚 첫 담배는 지독했다

13

유리병 속 작은 구피는 살아야 했다 · 94
　반려동물 이야기 (1)

14

햄스터를 잡아먹는 개미 · 96
　반려동물 이야기 (2)

15

J와 고양이, 그리고 나 · 100
　반려동물 이야기 (3)

16

내 인생은 만년 브론즈, 실버다 · 106
　내가 뭘 할 수 있지?

17

고시텔은 지옥이다 · 112
　창문 없는 감옥

18

정신과 의사가 내 우울증을 치료하지 못한다 · 117
　어쩌면 치료할 의지가 없는지도 모르겠다

19

혼자 자기 무서운 밤 · 123
　칠흑 같은 어둠 속에서

(20)

가난의 상대성 이론 · 130

모든 사람들은 자기가 가장 가난한 줄 안다

(21)

나는 신이 싫다 · 135

하느님인지 나발인지 하는 놈

(22)

엄마, 추하게만 늙지 말자 · 140

술 한잔하면서

(23)

나는 소통이라는 단어가 싫다 · 146

문득 그런 생각이 든다

(24)

부서진 게임 CD와 아버지 · 148

나는 총 쏘는 게임이 싫었을 뿐이다

(25)

게임은 하면 할수록 재미있을 줄 알았는데 · 152

나이를 먹을수록, 게임 하기가 힘들다

(26)

문학 시간에 시를 배운 적이 없다 · 156

윤동주와 김소월, 그리고 조지훈

27

돌아갈 수 없는 마지막 고향 위에서 · 160
　　할아버지를 보내드리며

28

비행의 추억 · 167
　　날자, 날자, 날자꾸나

29

바퀴벌레 · 175
　　죽여도 죽지 않는 벌레

30

아주 기묘한 이야기, 뒷담화는 묻어 저승까지 · 180
　　A stranger

31

사랑이라는 감정을 알게 해 준 당신에게 · 184
　　커플이라는 것에 대해

32

아메리카노 한 잔 · 189
　　커피 연대기

첫 월급 받던 날
처음 받은 월급으로 엄마에게 선물을 사 드리며

사실 나에게 '월급'이라는 단어는 그리 익숙한 단어가 아니었다. 부모님께서 아침마다 회사에 출근하시는 것을 본 적도 없었고, 통장에 달마다 꽂히는 돈의 무게를 알기에는 너무 어렸다. 출근이니, 퇴근이니 하는 것도 먼 나라 이야기일 뿐이었다. 가끔가다 신문의 사회면에서 나오는 '물가는 오르기만 하는데, 내 월급은 그대로?' 같은 짤막한 기사로만 접할 뿐이었다. 이렇게 말하니까, 재벌 2세, 3세처럼 떵떵거리며 사는 '금수저' 같아 보일 수도 있지만, 우리 가족은 주변에서 흔히 볼 수 있는 그저 그런 소시민일 뿐이다. 엄마는 동네에서 작은 영어 학원을 힘들게 운영하셨고, 아버지는 이렇다 할 고정적인 수입 없이 4~5년에 한 번 할까 말까 하는 전시회에서 그림을 팔아 생계를 유지하시는 분이었다. 엄마에게는 '전체 학생 수 × 한 달 수강료'가 곧 월급이었고, 아버지에게는 어쩌다 한 번씩 판 '그림 개수 × 단가'가 곧 월급이었다. 남들과는 너무나도 다른 월급만을 봐왔기에, 고등학교를 졸업하기 전까지 '국민연금'이니, '퇴직금'이니 하는 것들도 영 동떨어져 있는 그런 단어들일 뿐이었다.

2000년 초반, 김밥 한 줄에 1,000원, 불량식품 하나에 100원이고, 부모님들이 자식들 학원 2개 정도 보내는 게 당연하던 시절에는 그래도 먹고살 만했다. 아니, 그 시절에는 나름 중산층에 속했던 것 같다. 치킨 한 마리나 피자 한 판 사 먹는 게 큰 지출도 아니었고, 주말마다 대형마트에서 양손 무겁게 장을 봐오는 게 당연했다. 거짓말 좀 보태서 돈을 쓴다는 게 아무 감흥이 느껴지지 않을 때도 있었다. 물론 내가 번 돈도 아니었고, 내 지갑에서 돈을 꺼내는 것도 아니었기에 더 그랬던 것 같다. 엄마한테 용돈 좀 달라고 하는 게 그리 껄끄럽지도 않았고, 엄마가 대수롭지 않게 지갑에서 지폐를 꺼내주셨다.

엄마는 내가 초등학교 4학년 때쯤, 동네에 영어 학원을 개업하셨다. 그때까지만 해도 학원에서 영어를 전문적으로 가르치는 것보다 보습 학원에서 학습지 비슷한 걸로 영어를 가르치는 게 익숙하던 시절이었다. 개업한 지 얼마 지나지 않아 동네에서 유일한 영어 학원으로 입소문을 타자, 온 동네 극성맞은 엄마들이 몰려들었다. 동네 아이들 한 번씩은 등록했을 정도였으니 돈다발을 만지는 것도 그리 어려운 일은 아니었다. 어린 나이였음에도 불구하고, 우리 집이 중산층에 속한다고 생각하는 것도 무리는 아니었다. 하지만 2010년대에 '영어 몰입 교육'이라는 정책이 나타나면서 영어를 모국어 쓰듯 해야 한다고 강조했고, 그와 동시에 크고 작은 영어 학원들이 우후죽순으로 생겨났다. 하지만 이후 어느 순간 종적을 감춰버린 그 정책으로 인해 엄마의 영어 학원의 규모가 급격히 줄어들게 되었다. 기가 막히게 돈 냄새를 맡은 사람들이 너 나

할 것 없이 영어 학원을 차렸고, 빈 상가에는 크고 작은 프랜차이즈 학원들이 들어서기 시작했다. 엎친 데 덮친 격으로 그 시기에 우리나라 경제가 급격하게 위축되기 시작했다. 아마 그때 '불황'이라는 단어가 본격적으로 신문 기사에 오르내리기 시작했던 것으로 기억한다. '1억 만들기', '재테크' 같은 키워드가 서점가를 지배하고, 어떻게든 돈을 아껴야 한다는 인식이 파다하게 퍼지던 그런 시기였다. 허리띠를 졸라매야 했던 학부모들은 어쩔 수 없이 자식들이 다니던 학원을 한 개씩 끊기 시작했다. 보습학원이나, 전과목을 해주는 공부방이 아니면, 영어학원같이 한 과목만 가르치는 학원들은 학부모들의 눈에서 점점 벗어나기 시작했다. 가뜩이나 좁은 동네인데, 건물 하나를 두고 다닥다닥 미어터지는 영어 학원 틈 속에서, 적은 학생들로 미친 듯이 경쟁해야 하는 그런 상황을 엄마는 견디기 힘들어하셨다. 무슨 공부법, 무슨 강의법으로 수백 장씩 전단지를 돌리는 다른 학원들의 물량공세에 엄마는 점점 힘을 잃었다. 그럼에도 불구하고, 동네에서 몇 년을 터줏대감처럼 버티던 짬이 어디로 가지는 않았는지, 어디서 입소문을 들은 새로운 학생들이 한두 명씩 들어오면서 숨 쉴 수 있는 상황이 지속됐다. 하지만 예전에 비하면 턱도 없이 적은 학생들이 학원을 등록했고, 힘들게 현상 유지를 할 뿐이었다.

영어 학원의 규모가 줄어들수록 집안도 점점 위축되었다. 처음에는 일시적인 현상이라고 믿고 싶었다. 시간이 지나면 예전처럼 애들이 다시 들어올 것이라고 생각하고 싶었다. 하지만 위축된 경제 상황은 개선될 기미가 보이지 않았고, 학부모들은 계속 학원을 떠나갔다. 어떻게든 자식들 교육은 놓아서는 안 된다고, 지난 몇 년 동안 학원 수업료만큼은 밀리지 않고 꼬박꼬박 납부해왔던 학부모조차 며칠째 감감무소식이었다. 학원비 내는 걸 까먹었나, 아니 그만두려는 걸까. 엄마는 하루에도 수십 번씩 돈 때문에 힘들어하셨다. 어쩌다가 한두 명씩 결석이라도 하는 날이면 엄마는 머리를 헝클어뜨렸다. 점점 초췌해지는 엄마를 보며 나는 더 이상 용돈 좀 달라는 낯부끄러운 말을 할 수 없었다. 이제는 집에서 치킨 한 마리 사 먹는 것조차 레스토랑에서 스테이크를 먹는 것처럼 엄청난 사치가 되어 버렸다. 수긍하고 싶지 않은 현실에 나는 결국 독립할 수밖에 없었다. 백수의 왕 사자가 절벽 위에서 자식새끼를 집어 던져버린 것처럼, 나 역시 갑작스레 절벽 위에서 던져졌다. 내 의지도, 부모님의 의지도 아니었지만 절벽 밑으로 내던져질 수밖에 없었다. 아무런 준비도 되어 있지 않았고, 그럴듯한 아르바이트 자리도 구하지 못했지만, 먹고산다는 지극히 현실적인 문제에 직면했기에 뭐가 됐든 살아갈 방법을 찾아야만 했다.

여태껏 살면서 몇백만 원씩 되는 큰돈을 내 통장에 갖고 있었던 적은 거의 없었다. 햇살론 대출로 200만 원, 300만 원씩 빌리거나 혹은 한국장학재단에서 생활비 대출로 200만 원씩 빌린 것을 제외하면 내 통장에 두둑한 돈이 쌓여 있던 적은 없었다. 대부분 주말에 쿠팡 물류센터에 나가서 매주 수요일마다 받는 14만 원 남짓한 돈이 내 통장의 전액인 경우가 허다했다. 발가락에 물집이 잡히고, 쏟아지는 박스를 짊어지는 통에 허리가 욱신거렸지만, 그마저도 큰돈이라고 느끼며 허영심에 가득 차 7,000원짜리 부리또 세트를 먹으며 행복해했고 조금은 넉넉해졌다고 자기 위안을 하곤 했다. 이 정도 돈이라면 적어도 2주일은 버틸 수 있겠다고 생각했지만 그마저도 찰나였다. 눈 깜빡하면 다가오는 원룸의 월세 내는 날과 각종 공과금 납부 날이면 통장잔고는 1원도 남아 있지 않았다. 어쩌다가 한 번 깜빡하고 하루 이틀 월세를 밀리기라도 하면, 집주인은 뭐 그리 급한지 "학생, 월세가 안 들어왔어요."라고 재촉하기 일쑤였다. 당장 먹고살 생활비보다도 월세 내는 것에 더 전전긍긍했다. 밥이야 한두 끼 굶으면 되는 일이었기에, 들어오는 돈은 모두 월세 내는 것에 쓰였다. 힘겹게 월세를 내고 나면, 통장에는 밥 한 끼 사 먹을 돈 5,000원조차 남아 있지 않았다. 그때마다 살기 위해 전투적으로 물류창고 아르바이트를 나가야 했고, 어느 순간에는 삶의 와류에 떠밀려 삶을 살아가는 의지조차 상실해갔다. 이렇게 열심히 사는데도 여전히 척박하고 숨 쉴 틈조차 주어지지 않는 상황이 지속되자, 마치 게임처럼 '삭제-새 캐릭터 생성하기' 버튼이 생각나곤 했다. 어디서부터 잘못된 것일까.

그래서 결국 나의 신용을 담보로 은행에서 대출받는 것을 선택하게 됐다. 사실 당시 상황에서는 선택이라는 단어보다 강제라는 단어가 더 어울릴 것이다. 그렇지 않으면 내가 굶어 죽게 생겼는데 어쩌겠는가. 어렸을 때 알고 있던 대출의 개념은 그저 막연했다. 드라마에서 보듯 왠지 조폭이 빠따라도 들고 집 앞에서 돈 갚으라고 독촉할 것 같은 이미지였다. 다소 과장된 이미지였지만, 그럼에도 남의 돈을 빌린다는 것 자체가 다소 거부감이 느껴지기도 했다. 살면서 친구들한테 만 원 빌리는 것도 미안해서 선뜻 말해 본 적이 없는데, 하루아침에 몇백만 원을 빌린다는 것이 나 스스로 거부감이 느껴졌다. 그리고 그렇게 큰돈을 은행에서 쉽게 빌려줄까 싶기도 했다. 직장을 다니고 있는 것도 아닌데 나 같은 대학생을 뭘 믿고 돈을 빌려줄까 싶은 생각이 들었다. 하지만 다행히도 재학증명서와 가족관계증명서만으로 몇백만 원의 거금을 은행으로부터 빌릴 수 있었다. 통장에 찍힌 숫자 '2,000,000', 대학생 햇살론 대출로 받을 수 있는 최대 금액이었다. 학교에 다니면서, 아니 살면서 만져 보지도 못한 거금이었지만, 참 간사하게도 이것보다 더 많이 있었으면 좋겠다고 생각이 들기도 했다. 넉넉하게 500만 원 정도였으면 얼마나 좋았을까 싶었지만, 무능력한 대학생에게 500만 원씩 빌려줄 은행은 없었다. 당장 입에 풀칠이라도 할 수 있고, 월세라도 걱정 없이 낼 수 있는, 통장에 들어온 200만 원에 그저 감사하기로 했다. 그리고 그렇게 들어온 돈은 거진 6개월에 걸쳐 야금야금 월세와 공과금 납부에 사용됐고, 학교 수업이 없는 주말에는 아르바이트로 생활비를 충당하면서 살았다.

혹자는 그렇게도 물을지도 모르겠다. 그렇게 먹고살기가 힘들었으면 휴학이나 하고, 돈이나 벌지 뭐 그리 악착같이 학교를 다녔냐고. 이유는 딱히 없었다. 그저 학교생활을 조금 더 즐기고 싶었고, 듣고 싶은 과목들을 더 듣고 싶었을 뿐이었다. 20살에 대학교를 들어갔다가, 적성에도 안 맞는 과 때문에 한참을 방황하다가 우여곡절 끝에 23살이나 먹고서 원하는 학과에 겨우 들어온 나로서는 지금 이 순간을 마냥 놓치고 싶지 않았다. 그리고 돈 때문에 원치 않게 학교를 그만두는 것은 왠지 모르게 자존심이 상했다. 괜한 만용인가 싶었다. 하루는 너무 힘들어서 엄마에게 전화를 걸어 한참을 하소연했다. 학교고 나발이고 때려치우고 공장 들어가서 일이나 해야 하는 것 아니냐고. 하지만 엄마는 의외로 강경하셨다. "2학년은 마치고 휴학해. 아무리 너가 독립했고, 돈에 쪼들리는 입장이지만, 이렇게 학교를 떠나는 것은 엄마 입장에서 너무 미안하다. 뭐 도와줄 수 있는 것은 없지만, 너가 학교 다니고 싶다는데 막고 싶지는 않아." 결국 2학년이 끝날 때까지, 약 1년 반을 빚과 아르바이트로 번 돈으로 꾸역꾸역 버텼고, 2학년이 끝나자마자 산업체에 산업기능요원으로 들어갔다. 병역도 해결하면서, 돈도 벌 수 있는 사실상 유일한 방법이었다.

 1월 중순부터 칙칙한 공장에 출근하면서, 조금은 마음이 편안해졌다. 이제 당분간은 돈 때문에 힘들 일은 없겠구나 싶은 생각이 들었다. 최저시급에, 야근 수당, 특근 수당을 다 합쳐도 200만 원이 채 안 되는 월급일 뿐이지만, 그게 어디인가. 적어도 일주일 내내 1,000원짜리 컵라면만 먹으면서, 5,000원짜리 백반 먹기를 망설여야 하는 그런 비참한 상황은 더 이상 없을 텐데. 하지만 그런 나름 풍요로운 생활을 영위하기 위해, 적어도 출근이라는 지옥 같은 일을 반복해야 했고, 걸핏하면 야근과 특근을 강요받으면서 하루 24시간 중에 대부분을 공장에서 보냈다. 회사 셔틀버스를 타기 위해 아침 6시 30분에 일어나서 8시 30분까지 출근하고 나면, 저녁시간인 8시 30분까지 쉬는 시간 20분, 점심시간 1시간에 저녁시간 30분을 제외하고는 쉴 새 없이 일해야 했다. 피곤에 찌들어 집에 들어오면 밤 10시였으니, 집은 어느 순간 잠만 자는 곳이 되어버렸다. 정신없이 일에 치여 살기를 몇 날 며칠, 토요일에도 특근수당을 받으며 출근하면서 손톱만 한 여가시간까지 깡그리 회사에 갖다 바친 결과, 통장에 210만 원이 들어왔다. 첫 월급. 빚이 아닌 순수한 돈. 10만 원 가까이 되는 국민연금을 비롯해 소득세 같은 자잘한 세금을 제하고 나온 210만 원이었다. 월세와 핸드폰값, 공과금, 교통비를 내고 나니 월급의 1/3이 사라졌지만, 아직 100만 원이 넘게 남은 통장을 보면서 안도의 한숨을 내쉬었다. 이번 달 생활비 40만 원을 생활비 통장에 넣고서, 남은 돈을 들고 선물을 사러 갔다. 첫 월급을 받으면, 저축이니 뭐니 하는 것들은 잠시 미뤄 두고서라도 엄마에게 좋은 선물을 사 드려야겠다고 다짐했었다.

정말 오랜만에 들른 백화점은 여전히 번쩍번쩍했다. 명품들이 즐비한 매장을 둘러보며 "엄마, 뭔가 우리도 부자 된 것 같지 않아?" 하면서 으스댔다. 지난 몇 년 동안 어깨 한 번 쭉 펴보지 못했던 엄마에게 뭔가 해 줄 수 있다는 생각에 뿌듯했다. 여성 매장을 돌아다니며, 핸드백을 고르던 엄마는 마음에 드는 게 있어도 가격표를 슥 보시고는 다시 내려놓으셨다. "엄마, 나 신경 쓰지 말고 사고 싶은 거 사요. 오늘 엄마 꺼 선물 살 생각밖에 안 하고 왔어." 그럼에도 불구하고 엄마는 "아유, 아무리 그래도 그렇지, 어떻게 비싼 걸 막 고르냐"면서 매장을 구석구석 돌아다니셨다. 엄마는 이곳저곳을 돌아다니시며 괜히 매장 안의 물건들을 뒤적거리면서 한참을 고민하셨다. 그리고는 남들이 쓰는 핸드백보다 싸다면 훨씬 싼 핸드백을 들면서 혹시나 아들이 부담스러워하지 않을까 하는 눈빛으로 나를 바라보셨다. 당신의 돈이 아님에도, 사고 싶은 만큼 사라고 그렇게나 말했지만 그런 눈빛으로 보는 당신에게, 지난 20여 년 동안 사고 싶어도 사지 못했던 그 핸드백을 사 드렸다. 지난 시간 동안 비싼 핸드백 사서 뭐 하냐고 들고 다녔던 그 낡은 핸드백을 지난날과 함께 버리라고 말했다. 아직 사드려야 할 게 더 많음을, 그 핸드백보다 가치 있는 것을 앞으로 많이 보게 되실 거라고 말씀드리고 싶다.

대체 야근을 왜 하는 건데?
사실 우리는 저녁까지 일할 필요가 없다

지난 몇 년 동안, 공장에서 단순 생산직으로, 물류창고에서 일용직으로 일하면서 항상 들었던 의문점이었다. 대체 왜 잔업을 하는 걸까. 사실 고용주 입장에서는 '잔업'은 썩 달가운 단어가 아닐 것이다. 요즘같이 시급 8,590원인 시대에 잔업수당이라고 시급의 1.5배씩이나 줘가면서 피고용인들에게 일을 시키고 싶을 리가 없다. 안 그래도 높아진 인건비에 돈이 추가로 더 나간다는데, 굳이 잔업을 왜 하라고 하는 걸까.

1. 물량이 많아졌으니 잔업을 한다

공장이든 물류창고든, 주문이 들어오는 양에 따라 근무의 양도 달라진다. 보통 여름이나, 설날과 추석 같은 긴 연휴가 껴 있을 때 물량이 급증한다. 평소에는 일주일에 물건이 1,000개가 나간다 하면, 바쁠 때는 2,000개, 3,000개가 나가는 식이다. 그만큼 일하는 사람들도 원래 일하던 것보다 부하가 더 걸리고, 그만큼 되는 물량을 처리하기 위해 어쩔 수 없이 매일매일 야근을 반복하다 보니 육체적, 정신적으로 힘들어진다. 문제는 이런 상황이 하루 이틀 계속되는 게 아니라, 길게는 몇 달씩 반복된다는 점이다. 평소보다 처리해야 할 일이 늘어났을 때 정상적인 해결책이라면, 사람을 더 뽑거나 납기일을 연장하는 것을 선택할 것이다. 이렇다 할 해결책이 없다면 보너스라도 한 푼 더 줘서 보상을 줘야 근로자들 입장에서도 어느 정도 납득하고 일할 수 있을 것이다. 하지만 우리의 높으신 분들은 이런 해결책은 집어치우고, 똑같은 인원으로 늘어난 주문량을 처리하려고만 한다. 어떻게든 돈 한 푼이라도 더 아끼고 싶은 게 사람 심리지만, 이 사람들은 아무 보상도, 투자도 없이 근로자들이 오로지 회사에 대한 충성심으로 일하기만을 바랄 뿐이다. 한 사람당 맡아야 하는 일의 양이 평소보다 늘어날수록, 그만큼 생산성도 떨어질 수밖에 없는데, 그런 생산성의 저하를 시간이 모자라서 일을 못 했다고 판단하고, 단순히 저녁 늦게까지 근무시간을 늘리는 것으로 때워버린다.

저녁 6시부터 8시까지 2시간 더 일한다고 떨어진 생산성이 향상될까? 이 2시간 동안 혁신적으로 생산량이 늘어나고, 레일에 묶여 있던 물건들이 미친 듯이 포장돼서 출하되지는 않는다. 점심시간 1시간을 제외하고, 하루 종일 서서 일한 사람들에게 2시간을 더 일하라고 해 봤자, 아무 의욕 없이 형식적으로 일할 수밖에 없다. 집에 갈 시간은 한참 지나고, 다리며 허리며 근육통 때문에 욱신거리는 상황에 무슨 일을 더 하겠는가. 원치 않게 2시간이나 더 늘어난 근무시간을 억지로 때우는 수밖에 없다. 잔업수당 준다고? 안 줘도 되니까 퇴근시켜 줘.

2. 그냥 해, 이 노예 새끼들아

말 그대로다. 그냥 하라는 거다. 2시간이고, 3시간이고 잔업 하면서 할당된 생산량은 채우고, 못 채우겠다 싶으면 특근이라도 해서 메우라는 것이다. 물론 어느 곳이든 정해진 생산량을 채워야 하고, 그러라고 사람들을 뽑는 것이지만, 이런 고용주들은 부족한 인력을 더 채우거나, 발주량을 조절하거나 혹은 기존 근로자들에게 월급을 더 준다는 개념이 존재하지 않는다. 한마디로 근로자를 사람으로 보는 게 아니라 일하는 기계나 쓰다 버리는 부품으로 취급하기 때문에 합리적인 해결책이라는 게 없다. 불만을 제기하면 "너 말고도 일할 사람 많다? 꼬우면 나가던가"로 맞받아칠 뿐이다. 힘없는 노동자들은 그저 고용주들이 원하는 대로 하루에 8시간을 정규 근무시간으로 일하고, 2시간 야근하는 것을 5일 내내 반복하며, 거기에 토요일 특근까지 8시간을 채워서 일주일에만 58시간을 일해야 한다. 일주일 동안 7일 내내 일하는 꼴이다.

하루 근무시간 8시간×7일+2시간=58시간

문제는 사람이 이렇게 일하면, 에너지가 고갈되는 게 느껴진다 못해 피로가 눈에 보일 지경이다. 아침에 알람 소리에 눈을 떠서 일어나는 것 자체가 고문이고, 그 자체로 노동이 된다. 당연히 온몸은 만신창이가 될 뿐이다. 피폐해진 컨디션으로 아침에 출근해 봤자 일이 손에 잡히지가 않는다. 이런 날이 반복되다 보면, 생산성이 떨어지는 게 당연하지만, 사무실에서 컴퓨터나 두들기는 윗선들은 그런 상황을 알 리가 없다. 심심하면 한 번씩 내려와서 **"왜 이렇게 물량이 안 빠졌냐? 이래 갖고 납기일 맞추겠어?"** 라고 언성만 높일 뿐이다. 작업장 내에서 일이 어떻게 진행되는지는 관심도 없고, 알지도 못하면서 무턱대고 많은 생산량만 요구할 뿐이다. 기계처럼 정해진 시간에 정해진 수량만큼 뽑아낼 수 있는 것도 아닌데도, 목표한 생산량을 충족시키지 못한 사람들을 이해하지 못하고, 무능력한 사람으로 낙인찍을 뿐이다.

3. 억지 야근

제일 황당한 경우다. 그러면 물량도 줄고, 딱히 할 일도 없으면 야근도 안 하겠네? 하겠지만 그럼에도 야근을 해야 하는 경우가 있다. 바로 "놀면 뭐 하니? 그 시간에 돈을 벌면 1.5배를 버는데." 라며 억지로 야근을 강요하는 꼰대들 때문이다. 아니, 자기네들 돈 벌겠다고 야근하기 싫은 사람을 왜 야근시키냐고. 이런 사람들이 하는 짓을 보고 있으면 속이 뒤집어진다. 잔업 시간에 할 일들을 남겨 놔야 한다고 일부러 정규 근무시간에 천천히 일한다. 정규 근무시간에 100을 일하고 퇴근하면 될 것을, 굳이 70만 일하고 나머지 30을 잔업시간에 처리한다는 게 이들의 논리다. 그러면서 정시에 퇴근하는 사람들을 **"너 어차피 집 가서 하는 것도 없으면서 왜 퇴근하냐?"** 며 이상한 놈 취급해버린다. 노예 정신이 투철하다 못해, 노예 그 자체가 되어 버린 것 같은 사람들이다. 남는 시간에 돈 버는 것도 한두 번이지 1년 내내 잔업에 특근까지 하는데 일할 에너지가 남아 있겠는가? 하지만 이들에게는 그런 이성적인 생각이 전혀 통하지 않는다. 그리고 그런 생각이 당연해진 사람들만 남아 있는 건지 몰라도, 점심시간에 담배 한 대 피우면서 같이 일하는 사람들에게 슬쩍 지나가는 말로 "아니, 집에서 할 것 없으니까 야근하라는 게 말이 돼요?"라고 말하면 열에 일곱은 "맞는 말이지 뭐, 집 가서 쉬면 뭐 해, 돈밖에 더 써?"라고 시큰둥하게 대답할 뿐이었다. 이쯤 되면 내가 비정상인지, 이 사람들이 비정상인지 구분이 되지 않는다. 분명 사람들은 적게 일하고, 많이 벌고 싶은 본능을 타고났을 텐데, 이 사람들은 왜 반대로 행동하고 있는 걸까.

나는 잔업이 싫다. 차라리 그 시간에 집에 가서 씻고, 드러누워서 한숨 자는 게 더 좋다. 하다못해 그 시간에 혼자 술이라도 마시는 게 내 인생에 더 도움이 되는 것 같다. 야근한 만큼 수당을 준다지만, 별 의미가 없는 것 같다. 내가 저녁 시간과 주말을 희생하면서까지 회사의 생산량에 기여해 봐야 성과급이라고는 개미 눈곱만큼 받거나 혹은 한 푼도 못 받는다. 성과급이 없어도 너무 없으니 성과급 좀 늘려달라고 말해도 윗대가리는 항상 똑같은 말로 일축할 뿐이다. "여러분들 급여와 공장 유지 비용, 기타 세금들을 제외하면 남는 것도 없습니다." 물론 이해를 못 하는 것도 아니다. 요즘 같은 불경기에 회사가 어려운 것도 십분 공감한다. 하지만 그런 상황에서 일방적으로 근로자에 대한 희생만을 강요할 뿐이고, 그에 따른 보상이 따르는 것도 아니다. 하다못해 피로에 찌들어서 너무 쉬고 싶을 때 마음 편하게 연차 하루를 쓰는 것조차 제대로 건의할 수 없다. 그런데 내가 무슨 근거로 좆빠지게 일을 해야 하는가?

20살, 이력서에 쓸 말이 없었다
아르바이트 잔혹사 (1)

20살에 대학을 들어가기 전에 엄마가 입버릇처럼 하시던 말씀이 있었다. "대학 가면 네가 알아서 먹고살아라." 솔직히 고등학생 때는 한 귀로 듣고 한 귀로 흘려버리곤 했다. 막연하게 '내가 아르바이트로 돈을 번다'는 것이 상상이 되지도 않았을뿐더러, 갓 스무 살인 대학생이 뭘 할 수 있겠나 하는 의구심이 먼저 들었다. 대학교에 합격하고 나서, 한동안 진짜로 밖에 나가서 일이나 하라고 할까 봐 걱정하긴 했지만, 다행히(?) 부모님께서는 한 학기 동안 기숙사비며 생활비를 지원해주셨고, 한동안은 돈 걱정 없이 살 수 있었다. 물론 이때 우리 집 상황이 나빴던 것이 아니었기 때문에 가능한 일이었다. 부모님도 딱히 내가 아르바이트를 하지 않는 것에 대해서 별말씀을 하지 않으셨고, 유야무야 대학교 1학년 첫 학기를 술과 과제로 보내는 데에 부족함이 없었다. 물론 가끔씩 인터넷에서 아르바이트 자리를 찾아보기는 했지만, 딱히 아르바이트에 대한 열의도 없었고, 기왕이면 편한 곳에서 일하고 싶다는 생각에 학원에서 애들 채점이나 해주는 아르바이트나 학원 강사 아르바이트를 찾곤 했지만, 고등학교를 막 졸업한 갓 20살에게 그런 좋은 자리가 쉽게 날 리가 없었다. 하지만 딱히 아쉽지는 않았던 것 같다. '되면 좋고, 안 되면 말고' 하는 마음에 당장 어떤 일을 열심히 하고 싶은 생각이 없었다. 고등학교 내내 공부에 시달리다가 겨우 숨 좀 돌렸는데, 굳이 아르바이트를 하면서 에너지를 깎아 먹고 싶지는 않았다. 어디까지나 일하기 싫은 20살의 나의 얄팍한 이기심이긴 했지만, 그때 당시에는 그랬다.

대학에서의 첫 학기가 정신없이 끝나고 나서, 여름방학 때 신촌의 모 학교에 한 달 동안 계절학기를 들으러 갈 일이 있었다. 살면서 신촌에서 수업 한 번 정도는 들어야 하지 않겠냐는 스무 살의 패기 어린 마음으로 무작정 계절학기 수강신청을 했고, 1학기가 끝나자마자 서울로 올라왔다. 신청한 과목은 '사회학개론'과 '서양음악사'였다. 평소였다면 하품이나 늘어지게 하다가 꾸벅꾸벅 졸았을 그런 과목이겠지만 '신촌에서 듣는 수업은 뭔가 다르지 않을까' 하는 기대감에 잔뜩 부푼 마음 하나로 서울에 올라왔다. 그리고 일주일이 채 지나기도 전에 학교 앞 한 고시원에 방을 잡았다. 한 달 남짓한 계절학기 기간 중에 월세방을 얻는 것은 배보다 배꼽이 더 큰 수준이었고, 그렇다고 집에서 통학하기에는 왕복 4시간을 견디는 것은 엄두가 나지 않았다. 물론 몇몇 방들은 계절학기 듣는 학생들을 위해 단기계약으로 내놓은 경우도 있었지만, 서울 아니랄까 봐 터무니없이 비싼 방들뿐이었다. 결국 학교에서 가깝고, 월세 싼 방을 찾다 보니 고시원밖에는 이렇다 할 선택지가 존재하지 않았다.

고시원에서의 삶이라고 해도 딱히 학교 기숙사와 다를 것은 없었다.

매일매일 아침 9시 수업을 들으러 부랴부랴 일어나, 4시간 연강을 듣는 것을 제외하면 평소와 다를 바 없는 그런 비루한 생활이었다. 1시쯤에 고시원에 들어와서 구닥다리 노트북을 켜고서 잘 돌아가지도 않는 게임을 몇 시간이고 하기도 했고, 가끔 심심할 때면 학교 도서관에서 명석한 대학생이라도 된 것마냥 도서관 구석에서 옛날 책들을 읽고, 교수가 내준 과제들을 끝내는 것 정도가 하루의 일과였다. 그러다가 배가 고프면 고시원 앞 맥도날드에서 빅맥 하나 먹으면서 '이게 명문대생의 삶인가' 같은 쓰레기 같은 상념에 사로잡히기 일쑤였다. 뭔가 공부를 열심히 해야겠다는 생각보다도 단순히 서울 생활을 좀 더 즐기고 싶다는 생각이 더 강했던 것 같다. 한 학기 동안 꼼짝없이 지방 골짜기의 기숙사에 처박혀서 술이라도 한 번 먹을라치면 기숙사에서 걸어서 15분은 걸리는 술집에 가야 했고, 노래방은 끽해 봐야 2개밖에 안 되는데 그마저도 다 쓰러져가는 곳을 울며 겨자 먹기로 들어가야만 했던 것을 생각하면, 신촌에서의 삶은 내가 생각했던 캠퍼스라이프의 이상적인 모습 그 자체였다. 어딘가 겉멋이 잔뜩 든 것 같은, 별 영양가 없는 삶을 영위한 지 일주일쯤 됐을 때였다.

'알바해야겠다.'

불현듯 그런 생각이 스쳐 지나갔다. '부모님한테 고시원 월세와 생활비까지 다 받으면서 사는 것은 좀 아니지 않나' 싶었다. 오전에 수업이 끝나고 나서 고시원에서 저녁까지 게임이나 하고 있을 바에, 차라리 그 시간에 아르바이트나 하자는 생산적인 마인드가 저절로 생겼다. 누가 일하라고 등 떠민 것도 아니었지만, 자연스레 내 손가락은 '알바천국'과 '알바몬'에서 아르바이트 자리를 부지런히 찾기 시작했다. 하지만, 갓 20살이 되어 사회에 나온 햇병아리를 위한 일자리를 찾기는 쉽지 않았다. 대부분이 최소 21살 이상은 먹어서 사회생활 좀 해 봤거나, 대학교 2학년 이상인 사람을 구하는 곳이 대다수였다. 나이 제한이 없는 곳이라면 군필자나 여자만 뽑거나 해당 직종에서 일해 본 경력이 있는 경력 있는 사람만 뽑는 곳뿐이었다.

경력도 없고, 나이도 어린 20살은 일할 기회조차 주어지지 않았다. 괜히 어리다는 이유로 차별받는 것 같았다. 누구는 젊을 때가 좋다고 한다지만, 적어도 아르바이트 시장에서는 해당되지 않는 것 같았다. 몇 시간이 넘게 학교 근처의 아르바이트 공고를 미친 듯이 뒤지고, 지하철로 한두 정거장 거리에 있는 곳까지 이 잡듯이 뒤져봤지만, 이렇다 할 아르바이트 자리를 찾을 수 없었다. 이렇게 더 있으면 아무것도 못 하겠다 싶어 군필자 우대나 여성 우대가 아닌 아르바이트 공고에 닥치는 대로 이력서를 보내거나, 문자메시지를 보내기 시작했다. 안 뽑으면 어쩔 수 없고, 면접이라도 보자는 마인드로 아르바이트 공고가 올라온 수없이 많은 곳에 **"알바천국에서 보고 연락 드립니다. 20살 대학생인데, 혹시 알바생 뽑으시나요?"** 라고 문자메시지를 돌렸다. 하지만 그때마다 사장님들은 희망고문이라도 하는지 '미안하지만, 이미 알바생 다 뽑았어요' 같은 간단한 문자 메시지조차 보내지 않았다. 가끔은 직접 방문해서 이력서를 제출하라는 곳도 있었다. 학교 앞 문구점에서 이력서 한 묶음을 사서, 주민등록증 만들 때 찍었던 증명사진을 왼쪽 위에 붙였다. 뭔가 모양새가 그럴듯해 보인다. 주소, 이름, 주민등록번호, 인적 사항을 쓰다 보니, 밑에 이력을 적는 칸이 있었다.

13년 2월 / XX 고등학교 졸업

고작 한 줄이었다. 더 이상 쓸 말이 생각나지 않았다. 대학교 입학한 것도 써야 할까?

13년 2월 / XX 고등학교 졸업
13년 3월 / ○○ 대학교 입학

중학교 졸업까지 쓰려 했지만, 도무지 그건 아닌 것 같았다. 달랑 두 줄. 20년을 쉴 새 없이 달려온 내가 종이 한 장에 내 인생을 요약한 전부였다. 일한 경력도 없고, 그와 비슷한 공부를 한 것도 없는 내가 가게 점주들에게 어필할 수 있는 것은 보이지 않았다. 한참 동안 애꿎은 볼펜만 만지작거리다, 괜히 손가락으로 한 바퀴 휙 돌려보면서 속절없이 흐르는 시간을 감상했다. 더 이상 들여다봐야 나아질 것은 없다는 것을 어렵게 받아들이고 나서야, 흰색 봉투에 대충 집어넣을 수밖에 없었다. 다시 이력서를 꺼내 들어, 혹시라도 내가 어필할 만한 무엇인가가 있지 않을까 싶어 천천히 다시 읽어 보았지만, 달라질 것은 없었다. 나는 여전히 아르바이트 시장에서 무능력한 인간일 뿐이었다.

그날 밤, 혹시라도 올지 모르는 연락을, 그저 '**내일 면접 보러 오세요.**' 라는 짧은 답장을 오매불망 기다리면서 조용히 맥주 한 캔을 깠다. 20살, 남들은 청춘의 시작이라면서, 억만금을 주고서라도 다시 돌아가고 싶은 20살이라지만, 나에겐 어리다는 이유로 일할 기회조차 부여받지 못하는 무기력한 숫자에 불과했다. 뭐 하나 마음대로 할 수 없는 나이일 뿐인데, 이런 나이가 무슨 의미가 있나 싶었다. 고작 해 봐야 앞의 숫자가 1에서 2로 바뀌었다는 점? 미성년자에서 성인으로 바뀌었다는 점? 하지만 그 어떤 것도 나에게 큰 도움이 되지 않았다. 지금 마시고 있는 맥주 한 캔을 합법적으로 살 수 있다는 것 정도가 20살이 가질 수 있는 유일한 장점이었다. 힘이 빠졌다. 그날 처음, 나는 중, 고등학교에서 착실하게 출석하고, 공부하던 그런 성실함만으로는 극복할 수 없는 무엇인가가 있다는 것을 어렴풋이 깨달았다.

나의 새벽은 당신의 것보다 더 길다
아르바이트 잔혹사 (2)

학교에서 수업을 들을 때도, 고시원 침대에 드러누워서도, 알바천국과 알바몬을 병적으로 들락날락했다. 혹시 5분 사이에 새로운 공고가 올라왔을까 하는 조바심에 쉴 새 없이 새로고침을 눌러댔다. '아르바이트를 해서 부모님 부담을 덜어드려야겠다'라는 효심 어린 생각은 점차 '언제 구하나 보자'라는 악에 받친 오기로 변했다. 처음에는 악명 높은 편의점 야간 아르바이트나 이리저리 뛰어다녀야 하는 서빙 아르바이트는 최대한 배제하려고 노력했다. 하지만 이제는 선택의 여지가 없었다. 뽑아주기만 한다면 넙죽 **'감사합니다!'** 하면서 기어들어 가고 싶은 심정이었다. 여느 때처럼, 봤던 아르바이트 공고도 또 보고, 괜히 다시 한번 자격요건이나 읽어보다가, 새로고침도 누르면서 무기력하게 시간을 보내고 있었다. 그때, 맨 위에 못 보던 공고가 떠올랐다. **'어?'** 다급하게 공고를 눌렀다.

'20세 이상 (1994년 이후)'
'○○대학교에서 도보 5분'

더 이상 읽어볼 필요도 없었다. 이거다. 나이 제한도 없고, 집에서 가까운 곳이라니, 마다할 이유가 없었다. 떨리는 가슴을 부여잡고 공고를 자세히 읽어봤다. 하지만 세상에 공짜는 없다고, 제일 피하고 싶었던 호프집 서빙 아르바이트였다. 심지어 공고 중간에는 '금, 토, 일 PM 6:00~AM 3:00'이라고 떡하니 쓰여 있었다. 제일 피하고 싶었던 조건 2개를 내밀면서 '이래도 안 올 거야? 응?' 하며 나를 기만하기 시작했다. 하필이면 주말 새벽에, 서울에서 핫하다는 이 동네에서 호프집 서빙 아르바이트라니. 하지만 선택의 여지 따위는 없었다. 이것마저 놓치면 아르바이트고 뭐고 포기해야 한다. 평소였다면 괜히 통화하는 게 거북해서 문자메시지를 남겼겠지만, '이거 놓치면 끝이다'라는 심정으로 공고에 올라온 핸드폰 번호로 전화를 걸었다.

"아, 네, 알바천국에서 보고 연락 드렸는데요~"
"아, 예."
"아르바이트생 뽑으시나요?"
"네, 뽑아요. 혹시 어디 학교 다녀요?"

대뜸 다니는 학교를 왜 물어보는 거지? 뭣 때문인지는 몰라도 대답은 해야 한다. 대답을 해야 하는 그 짧은 순간에 열심히 짱구를 굴려본 결과, 아마 학교에서 가까운 데에서 사는 사람 뽑으려는 게 아닌가 싶은 생각이 들었다. 근데 나 여기 학교 안 다니는데 ○○대학교 다닌다고 해야 하나? 에라, 모르겠다. 어차피 한 달만 일할 건데, 뭐.

"아, 저 ○○대학교 다닙니다."
"오, 그래요? 언제 올 수 있어요?"
"전 오후엔 다 괜찮아요."
"그럼 지금 오실래요? 여기 위치가…."

된 건가? 수화기 너머 아주머니가 뭐라 뭐라 가게 위치를 설명해줬지만, 귓구멍에 들어올 리가 없었다. 기계적으로 예, 예 하면서 전화를 끊고 나서야 아르바이트 공고에 나와 있는 위치를 확인했다. 고시원에서 2분 거리, 걸어서 2분 거리였다. 다행이다. 다만 조금 마음에 걸리는 것은 일하는 시간이었다. '금, 토, 일 PM 6:00~AM 3:00'. 꼬박 9시간을 쉬지 않고 일할 수 있을까? 일하는 시간은 둘째치더라도, 서빙이라는 업무 자체도 낯설었다. 어떻게 일하는 거지? 대충 주문 들어온 음식만 갖다주면 되는 걸까? 새벽에는 어떻게 일하지? 학교 다닐 때도 새벽에는 졸리다고 공부도 못 하고 책상 앞에서 꾸벅꾸벅 졸았던 것만 기억난다. 그러던 내가 1살 더 먹었다고, 서서 8시간, 9시간을 일할 수 있을까 싶은 불안함이 새어 나왔다.

그렇게 갈망하던 아르바이트 자리였지만, 막상 구하고 나니 잠시 미뤄뒀던 크고 작은 걱정들이 장마철에 둑 터지듯이 밀려들어 왔다. 잘할 수 있을까? 솔직히 확신이 들지 않았다. 서빙 같은 것을 해 본 적도, 하는 것을 제대로 본 적도 없는 내가 잘할 수 있을까? 싶은 생각밖에 들지 않았다. 막연한 불안감에 자기 전에 침대에 드러누워서 '서빙 알바 후기' 같은 것을 찾아보면서 머릿속으로 이런저런 시뮬레이션을 해보는 것밖에 할 수 있는 게 없었다. 그리고 머릿속에 남아 있는 서빙 했던 사람들의 기억을 싹싹 긁어모아서, 내가 테이블 위의 벨을 눌렀을 때 그 사람들이 어떻게 주문을 받았는지 되살리는 것 정도가 내가 할 수 있는 전부였다. 모르겠다. 한숨 자고 생각해 보자. 더 이상 머리를 혹사시키고 싶지 않았다. 백날 이렇게 머리 굴려 봐야 막상 현장에 가면 또 다른 변수가 튀어나올 것이 뻔하다는 것을 너무도 잘 알고 있었기에, 힘없이 침대 옆 전등을 껐다.

다음 날 오후, 걱정 반, 떨림 반으로 책상 구석에 던져뒀던 이력서가 담긴 봉투를 끄집어 들었다. 정 안 되면 발품이라도 팔면서 돌아다니겠다고 이를 바득바득 갈면서 썼던 이력서였다. 몇 장 쓰긴 했지만 딱히 어디에 써먹지도 못하고 쌓아만 두었던 것들이었다. 이 이력서들을 추켜들고, 이 가게, 저 가게 돌아다니면서 아르바이트 자리를 구걸하지 않아도 돼서 오히려 다행인가 싶었지만, 아무렴 어떠냐 싶었다. 썩 마음에 드는 아르바이트 자리는 아니지만, 이제 와서 포기하고 다른 아르바이트를 찾는 것은 너무나도 큰 도박이었다. 어쩌다 보니 굴러 들어온 이 아르바이트 자리를 열심히 사수하는 수밖에 없었다. 힘겹게 고시원 대문을 열고, 몇 분 걷지도 않았는데 면접 볼 곳에 도착했다.

X
X
X
비
어

초록색 간판에 쓰인 호프집 이름을 한 번 되뇌고, 계단을 성큼성큼 걸어 올라갔다. '띠링-' **"어서 오세요!"** 점원들은 누가 먼저랄 것도 없이 동시에 외치며, 일제히 출입문 쪽으로 시선을 쏟아냈다. 내 앞 테이블에 앉아 있는 일행들의 눈초리마저 따갑게 느껴졌다. 이력서가 든 봉투만 어색하게 잡고 쭈뼛쭈뼛 서 있는 나를 보며, 가게 주인으로 보이는 아저씨가 숨 막혀 죽을 것 같은 어색함을 깼다.

"면접 보러 왔어요? 얘기 들었어요. ○○대학교 다닌다면서요?"
"예예…."
"어디 과 다녀요?"
"정치외교학과 다녀요."
"이야, 좋은 과네~"

나는 애써 억지웃음을 지었다. 칭찬인지 뭔지 모를 말에 갓 스무 살이었던 내가 할 수 있는 최선의 반응이었다.

"이력서 필요하세요?"

"아이, 무슨 이력서예요, ○○대학곤데~"

양심의 가책이 밀려오다가도, 됐다 싶은 생각이 들었다. '어차피 지금은 ○○대에서 수업 듣고 있는 거니까 괜찮아.' 하면서 괜히 스스로를 자기 합리화했다. 어차피 이곳에서 오래 일하지도 않을 텐데, 굳이 이런 것 하나하나에 진위 여부를 가리고 양심을 찾아야 할 필요는 없었다. 사장님은 실실 웃으며 나에게 일을 알려주기 시작했다. 시급은 어떻고, 근무 시간은 어떻게 되는지 알려주는 것은 뒷전이었다. 애당초 어디 학교 다니는지만 듣고선, 무턱대고 면접 보러 오라고 한 상황에 상식적인 행동을 기대하는 것 자체가 무리였다.

"여기는 1번 테이블이고, 여기서부터 저 끝까지 2, 3, 4번 테이블이고…."

사장님은 쉴 새 없이 테이블 번호를 나열하셨다. 좁은 매장도 아니고, 열 몇 개가 넘는 테이블을 몇 분 만에 외우는 것은 불가능한 일이었다. 그래도 처음 배우는 일인데 허겁지겁 머릿속에 테이블 번호를 억지로 쑤셔 넣었지만, 렉 먹은 컴퓨터처럼 버벅거릴 뿐이었다. 대충 1번부터 10번까지는 어디가 어디인지는 알겠는데, 그 이상부터는 테이블 위치는 고사하고, 테이블 번호도 헷갈리기 시작했다. 사장님은 1번부터 20번이 넘는 테이블 위치를 속사포로 내뱉고서야 "어때요? 외울 만해요?"

라고 물으셨다.

"어… 지금 처음이라서 그런지 조금 헷갈리네요."

멋쩍게 웃으며 애꿎은 뒤통수를 긁었다. 조금 헷갈리기는 개뿔, 하나도 모르겠다.

"괜찮아, 괜찮아. 명문대생이 이것도 못 외우겠어?" 사장님은 말끝마다 '명문대생'이라는 단어를 지겹도록 붙여 말했다. 별것도 아닌 대학 간판 하나에 이렇게까지 열광해야 하는 걸까. 도통 이해가 되지 않았다. 어렸을 적에 뉴스에서 한창 그렇게나 지적하던 '학력지상주의'라는 게 이런 걸까 싶은 생각이 들었다.

대략적인 테이블 위치를 알고 나서는, 사장님은 열심히 하라면서 퇴근하셨고, 그 가게에서 짬이 제일 오래된 것 같아 보이는 형에게 주문받은 내용을 포스기에 입력하는 법, 주방 이모들에게 주문 받은 내용을 전달하는 법, 계산대에서 계산하는 법들을 속성으로 배웠다. 정신이 없다. **띵동.** 전광판에 숫자 '4'가 덜렁 떠 있었다.

"저기 가서 주문 받아 와요."

준비라고는 하나도 돼 있지 않았지만, 그나마 방금 외웠던 4번 테이블에 심호흡 한 번 크게 하고, 조심스레 걸어갔다.

"어떤 거 주문하시겠어요?"

"저희 이거랑, 이거랑, 생맥주 500CC 2개 주세요."

들고 있던 종이에 대충 휘갈기고서, "네, 알겠습니다." 하고 카운터로 돌아왔다.

"이모, 이거랑 이거 주문이요."
이 정도면 됐겠지?
"포스기에 찍어야지." 아, 포스기.
"이거 안 찍으면 주방 쪽에도 전달 안 돼. 나중에 네가 기억해서 계산할 거 아니잖아? 잘 찍어둬."

정신없이 이곳저곳에서 주문이 들어온다. **띵동— 띵동—** 숨 돌릴 틈도 없이 온갖 테이블에서 벨을 눌러댄다. 막상 가 보면 물티슈 주세요, 물 주세요. 같은 시답잖은 주문들이다. 제발 그런 건 셀프로 했으면 좋겠다는 생각이 미친 듯이 들었다. 괜히 식당 같은 곳에서 '물은 셀프입니다'라고 써 붙여 놓는 게 아니었다. 테이블에 가는 그 짧은 순간에도 손님들은 당장이라도 안 오면 발작이라도 일으킬 것 마냥 쉴 새 없이 테이블의 벨을 눌러댄다. 정신이 없다. 여기저기서 몰아닥치는 주문들을 허겁지겁 처리하다 보니, 싱크대에 맥주잔이 잔뜩 쌓인다. 뒤에서 누군가 툭툭 친다.
"저거 설거지해. 주문은 내가 받을 테니까."

깊고 좁은 맥주잔들이 싱크대에 세울 틈도 없이 가득 채워져 있었다.

싱크대에 올려져 있는 것은 주방세제, 그리고 변기 솔같이 긴 막대기에 감긴 수세미뿐이었다. 같이 일하는 형은 "시간 없으니까 빨리빨리 해. 대충 세제 묻혀서 닦고 물로 헹구고, 냉장고에 넣어놔. 뒤에다가 쌓아 놓으면 돼"라고 속사포처럼 말했다. 일 시작한 지 1시간 만에 도망가고 싶어졌다. 아니, 이거 이렇게만 닦으면 설거지가 되나? 입 닿는 부분도 제대로 안 닦는데? 머릿속에 온갖 생각이 지나가는 와중에도 맥주잔은 끊임없이 쌓인다. 느려 터진 손으로 설거지를 해서 그런가, 도무지 잔이 줄어들 생각을 하지 않는다. 멍하니 기계적으로 설거지를 반복하다, 맥주잔을 냉장고에 집어넣고 빼기를 몇 번이고 반복해도, 싱크대 앞에서 맥주잔들이 교미라도 하는지 그 수가 도무지 줄어들 생각을 하지 않았다.

미친 듯이 설거지를 끝내고, 뭐 했는지 기억도 잘 나지 않을 정도로 주문을 받고 나니 12시가 훌쩍 넘었다. 주방에서 이모 한 분이 갓 구운 한치와 땅콩을 들고나오셨다.

"오늘 처음 온 거지? 이거 먹어." 의자에 털썩 주저앉았다. 오늘 뭐 했지. 이렇게 뭣 빠지게 일해야 4,860원을 받는다니. (2013년 최저시급은 4,860원이었다.) 근데 이 안주가 저녁인 건가. 밥 대신에 안주라니. 잠깐 쉬는 동안에 온갖 생각이 스쳐 지나갔다. 피곤에 찌든 손가락으로 땅콩 한 움큼을 집어 들었다. 옆에서 같이 일하던 형이 말했다.

"원래 3시까지 일하는 건데 오늘은 첫날이니까 일찍 가라. 내일은 화장실 청소도 해야 돼." 20살 막내라고 이것저것 다 하는구나.

"이거 다 먹고 가 봐. 마감은 내가 칠게." 나름 첫날이라고 일찍 보내 준다는 말에 피곤에 찌들어 있던 몸뚱이가 언제 그랬냐는 듯이 힘이 솟구친다. 몇 가닥 안 남은 한치를 마저 입에 넣고선, 바지에 묻은 부스러기들을 툭툭 털고 일어났다.

"수고하셨습니다. 먼저 가 볼게요."

힘들다. 몇 시간 서 있었다고 다리가 후들거린다. 내일은 더 힘들겠지. 모르겠다. 내일 일은 내일 생각하자. 오늘은 그저 오늘이 끝났다는 것에 감사하자, 언제나처럼 고시원으로 가던 골목길이었지만, 그날은 유난히 길었다.

나가! 옷 벗고 나가!
아르바이트 잔혹사 (3)

    도무지 적응될 것 같지 않았던 호프집 서빙도 일주일이 지나자 슬슬 손에 익어가기 시작했다. 아직 큼직큼직한 일들만 어느 정도 배웠다 할 뿐이지만, 엄청난 일을 해낸 것처럼 흐뭇했다. 물론 이런저런 칵테일 만드는 방법이나, 주문 들어오는 맥주별로 잔들을 세팅하는 것들은 배우지도 않았다. 고작 해 봐야 크고 작은 컵들을 설거지하고, 테이블에 쌓인 술잔과 그릇들을 쟁반에 담아 주방에 갖다 놓고, 새벽에는 잔뜩 쌓인 쓰레기들을 버리는 기본적인 일들만 하는 것뿐이었지만, 그것만으로도 박수 받아야 마땅하다고 생각했다.

    설거지도 어느 정도 속도가 붙어 저녁 8~9시 피크 타임에 쏟아져 나오는 맥주잔들이 마냥 무섭지는 않았다. 냉장고에 차곡차곡 맥주잔들을 쌓고서, 물에 퉁퉁 부은 손가락을 유니폼에 대충 슥슥 닦고서 카운터에 기대 주문을 기다리는 것이 이제는 조금 익숙해졌다. 아유, 힘들다. 적응이 되었다고는 하지만, 힘든 건 어쩔 수가 없다. 기본 안주로 나가는 뻥튀기와 김 가루가 뿌려진 막대과자를 저녁 삼아 주문이 들어오기 전까지 쉴 새 없이 입 속에 쑤셔 넣었다. 조금이라도 더 먹어야 했다.

5,000원도 안 되는 시급에 저녁값도 제대로 챙겨주지 않는 이곳에서 뭐라도 하나 더 챙겨갈 수 있는 것은 유일하게 플라스틱 통에 가득 담긴 과자들뿐이었다.

그날따라 주말인데도 가게는 한산했다. 평소였다면 전광판에 불이 나게 주문이 들어왔을 테지만, 그날은 이상하리만치 여유로웠다. 한잔씩 거하게 걸치고 온 일행들이 술기운에 이 메뉴, 저 메뉴를 주문할 때를 제외하면, 매일매일 이랬으면 좋겠다 싶은 생각이 들 정도였다. 저녁 9시. 스무 개 남짓한 테이블들을 멀뚱멀뚱 보고만 있을 때였다. **띠링-** 손님 왔다. **"어서 오세… 아, 안녕하세요."** 사장님이었다. 표정이 영 좋지 않아 보였다. 뭔가 화가 단단히 난 듯한 표정으로, 출입문 앞 옷장 앞에서 팔짱을 끼고선 나를 쳐다보고 있었다. 굳이 말하지 않아도 내가 뭔가 단단히 잘못했구나 싶었다. 근데 나 뭐 잘못한 것 없는데? 안주 좀 집어 먹었다고 그런 건가? 진짜 쪼잔하네. 구시렁구시렁 마음속으로 중얼거렸다.

사장님이 손을 까딱하신다. 무엇 때문인지는 몰라도 느낌이 영 좋지 않았다. 된통 한 소리를 들을 것 같은 불편한 마음을 억누르며, 조심스레 사장님에게 갔다.

"옷 벗어."

예?

"벗으라니까? 안 들려?"

어안이 벙벙해졌다. 내가 뭘 잘못한 거지? 정말 그 과자 집어 먹은 것 때문에 그런 걸까? 갑자기 이렇게 들어와서 나가라고 한다고? 왜? 머릿속이 새하얘지면서 아무 생각도 할 수 없었다.

"나가! 옷 벗고 나가!"

어쩔 수 없다. 벗어야지. 뭐라 하고 싶은 말이 떠오르지도 않았다. 얌전히 입고 있던 유니폼을 벗어 옷장에 던져 놓고, 옷걸이에 걸려 있던 내 옷을 다시 주워 입었다. 인사고 뭐고 할 수도 없었다. 반쯤 풀린 눈으로 출입문을 힘없이 열고 터덜터덜 초록색 계단을 내려왔다. 어디서부터 잘못된 걸까. 이제 뭘 어떻게 해야 하는 걸까. 그렇게 하고 싶었던 아르바이트였는데, 그 끝이 이런 밑도 끝도 없는 해고라니. 애당초 아르바이트를 할 운명이 아니었던 것일지도 모른다. 그렇게 번번이 연락 한 두 통조차 받지 못할 정도였다면, 일찌감치 포기했어야 했다. 서럽다.

밖은 소나기가 내리고 있었다. 우산은 들고 오지 않았다. 비가 올 것이라고 예상도 하지 못했고, 비가 온다는 말은 더더욱 듣지 못했다. 아니, 우산은 중요치 않았다. 머리에 옷이라도 대충 뒤집어쓰고 달려야 했지만, 아무 생각도 들지 않았다. 나에게는 비를 피할 의지조차 없었다. 가게 앞 아스팔트 바닥은 비에 젖어 번들번들해졌다. 퇴근시간이 되기에는 아직 몇 시간이 더 남았다. 문득 고시원으로 돌아가는 길 위를 내딛는 것이 어색해지고, 저녁시간에 환하게 켜진 가게들의 네온사인에 위화감이 느껴졌다. 모든 것이 비현실적이었다. 하지만 이내 생각하기를 그만뒀다. 고시원으로 돌아가던 그 길은 기억이 나질 않는다.

내 돈 내놔! 이 자식들아!
아르바이트 잔혹사 (4)

고시원 침대에 멍하니 드러누웠다. 내가 뭘 잘못했지. 일이 조금 서툴렀다는 것을 빼면 잘릴 정도는 아니었던 것 같은데. 아니, 서툴렀다는 것만으로도 잘릴 이유가 충분했던 걸까. 머릿속이 복잡해졌다. 아무것도 하고 싶지 않았다. 첫 아르바이트라고 인터넷에 아르바이트 후기를 검색하고, 면접 볼 때 주의사항 같은 것들을 미친 듯이 검색했던 나 자신이 한심했다. 어차피 이렇게 될 것이었는데, 왜 굳이 그런 수고로움을 사서 했던 것일까. 20살 초반부터 모든 일이 와장창 꼬여버린 것 같았다. 남들처럼 그저 평범한 아르바이트를 하고 싶었을 뿐인데, 부모님에게 손 안 벌리고 생활비 몇 푼을 벌고 싶었을 뿐인데, 이토록 비참한 결과를 맞아야 하는 걸까. 옷 벗고 나가라고 소리치던 사장에게 말 한마디 하지 못하고, 순순히 계단을 내려온 나 자신이 한심해졌다. 갈 땐 가더라도, 뭐라도 개겼어야 했는데. 머저리처럼 계단을 터덜터덜 걸어 내려온 나 자신이 원망스러웠다. 모르겠다. 한숨 자자. 자고 일어나면 모든 것이 해결될 것이다.

다음 날 아침. 고시원의 습기를 머금어 잔뜩 눅눅해진 이불을 걷어차며 일어났다. 나 왜 잘린 거야? 아니, 잘린 건 둘째치더라도, 돈 한 푼 안 주고 쫓겨났다는 게 억울할 뿐이었다. 주말 새벽까지 잠 한숨 못 자고 일하면서 번 돈은 받아야겠다는 분노가 스멀스멀 치밀어 올랐다. 하지만 이제 와서 다시 사장한테 전화해서 '일한 만큼 돈은 달라'라고 이야기하기에는 내 자존심이 허락하지 않았다. 어차피 전화해 봐야 내 입에서 좋은 소리가 나올 리 만무했다. 다만 형언하기 어려운 이 엿 같은 마음을 치유하고 싶었고, 못 받은 돈을 확실하게 받고 싶었다. 답은 하나였다. 빼도 박도 못하게 신고하는 것, 그것뿐이었다.

곰곰이 생각해봤다. 내가 신고할 만한 근거가 있는가? 나는 누가 봐도 확실한 피해자였다. 그래도 혹시나 하는 마음에 친구들과 부모님에게 일하다가 잘렸다는 사실을 말하면서, 혹시라도 내가 간과한 무엇인가가 있지 않을까 싶었다. 다행히(?) 그런 건 없었다. 다 집어치우고 돈을 받지 못했다는 것에 모두가 분노했다. 음, 역시. 나는 틀리지 않았다. 주변 사람들의 위로와 분노에 힘을 얻으며, 조심스레 노트북을 켰다. '알바 부당해고 신고', '알바 임금 미지급 신고'…. 검색창에 이런 검색어들을 두들겼다. 나와 비슷한 처지의 사람들이 올린 하소연하는 글들이 주르륵 올라왔다. 질문 글에 달린 답변들을 꼼꼼히 읽어보면서 얻은 결론은 '노동청에 신고하라'였다. 몇몇 질문에는 사업주와의 계약 당시 근로계약서를 썼어야 하고, 수습기간 중 해고는 정당하다는 암울한 이야기들이 답변으로 달려 있었지만, 아무래도 상관없었다. 노동청에 신고

하면 못 해도 일한 만큼 돈은 받을 수 있을 거라는 막연한 희망만을 가지고 싶었다. 설령 돈을 못 받는다고 해도, 그 빌어먹을 호프집을 어떻게든 곤경에 빠뜨리겠다고 다짐했다. 그리고 나는 내 인생에서 가장 악랄한 복수를 계획했다.

노동청 홈페이지의 신고센터를 눌렀다. 끓어오르는 분노를 꾹꾹 눌러 담으며, 키보드 자판을 눌렀다. 최대한 침착하고, 논리적으로 진정서를 작성해야 한다. 중학교 생활국어 시간에 배운 육하원칙에 따라 한 글자, 한 글자 입력해갔다.

저는 XX구 ○○동에 거주하고 있는 20살 고병휘라고 합니다. 제가 이 민원을 제출하는 이유는 정확한 해고 사유 없이 계약 기간 만료 전에 해고당했고, 그동안 일했던 날짜의 급여 또한 받지 못하고 해고당했기 때문입니다.
(중략)

마지막으로 일한 만큼의 급여를 받고, 해당 점주의 처벌을 원한다는 문장과 함께 진정서를 제출했다. 후련했다. 뭐든지 해결될 것이라는 근거 없는 믿음이 생겼다. 이제 조금만 기다리면 통장에 몇십만 원이 입금되리라.

다음 날, 02로 시작하는 번호로 전화 한 통이 걸려왔다. "여보세요?" 핸드폰 너머로 친절한 상담원의 목소리가 들렸다.

"네, 어제 인터넷으로 민원 신청하셨죠?" 올 것이 왔구나. "아, 네네. 맞습니다."

"다름이 아니라, 정당한 이유 없이 해고당하셨다고 하셨는데, 아르바이트 같은 경우에는…."

솔직히 뒤의 말은 생각이 나지 않는다. 마지막에 상담원의 그 말 한마디 때문에 모든 내용이 휘발되어 버렸기 때문이다.

"그냥 적당히 그쪽 점주랑 합의하시고, 민원 취소하시는 게 어떠세요?"

내가 이딴 말이나 들으려고 내가 동아줄 잡는 심정으로 그렇게 민원을 넣었던 것일까? 기본적으로 노동청이라면 노동자의 말을 들어야 하는 게 아닌가? 난 그저 내가 일한 만큼의 돈을 받고 싶었을 뿐이었다. 근데 내가 저런 말이나 들어야 한다고?

"아니, 제가 일한 돈은 받아야 하지 않나요? 무턱대고 민원을 취소하라고 말씀하시는 게 말이 됩니까? 취소 안 할 겁니다."

머리꼭지가 돌아버렸다. 노동청이랍시고 있는 게 이딴 식이라는 게 믿기지가 않았다. 중, 고등학교 때 노동법이니, 근로자의 정당한 권리니 이런 건 대체 왜 배운 거지? 민원 넣어 봐야 취소하라고 종용하는 상담원을 마주하며, 사회 교과서 속 텍스트나 외워서 내신 점수나 잘 따겠다고, 이 악물고 공부하던 것이 무슨 의미가 있는 걸까. '통화 종료' 버튼을 미친 듯이 누르고, 의자에 드러누웠다. 솔직히 분노나 억울함보다도 배신감이 앞섰다.

믿었던 노동청에 거하게 뒤통수를 얻어맞고서, 까딱하면 이대로 유야무야 끝나겠다는 불안감이 엄습했다. 뭔가 다른 방법을 찾아야 했다. 요즘에는 '국민 신문고' 같이 청원 한 번으로 군부대 하나 정도는 우습게 뒤집어 버릴 수 있는 곳이 있지만, 그 당시에는 없었다. 고소라도 해야 하나? 그저 막연하게 떠오르는 생각이었다. 하지만 아르바이트 급여 한 번 받아보겠다고 고소 절차를 밟는 것은 쓸데없이 판을 키우는 게 아닌가 싶었다. 결국 부모님을 비롯해서 주변 친·인척들에게 큰 도움이 되지 않는 조언을 구할 수밖에 없었다. "신고해~", "아니, 걔네는 왜 그렇게 뻔뻔하대?" 같은 덧없는 위로를 받는 것 말고는 내가 할 수 있는 것은 없었다. 다만 노동청에 넣은 진정서가 상담원의 권유 한마디에 휴지 조각이 되지 않기를 바라는 수밖에 없었다.

다음 날, 익숙한 번호로 전화 한 통이 걸려왔다. 호프집 사장이었다. 올 게 왔구나. 떨리는 마음으로 핸드폰을 집어 들었다.

"여보세요?"

"아니, 신고를 했어?"

"예. 돈도 못 받고 잘렸는데 당연히 해야죠."

"네가 뭔데 신고를 해? 일을 잘하기를 해? 다른 애들보다 좆도 못하면서 무슨 깡다구로 돈을 받겠다고 해?" 어처구니가 없었다. 얘네 왜 이렇게 당당하냐?

"아니, 뭐 일 못 하면 돈도 못 받습니까? 당신 자식새끼가 똑같은 대접받아도 그딴 식으로 얘기하실 거예요? 밑도 끝도 없이 처잘라 놓고서 말이 많으시네요?"

나도 이제 참을 만큼 참았다. 쌍욕은 못 하더라도 할 말은 해야겠다.

"당연한 거 아니냐? 내 자식이 일 못 해서 잘렸으면 그런갑다 해야지. 뭐 어쩌고 저째?"

"시발 진짜. 말 같지도 않은 소리 하시네요. 예, 그렇게 생각하세요. 나중에 법원이든 경찰서에서든 낯짝이나 봅시다. 그때도 이딴 식으로 말하실 수 있나 봅시다."

"하려면 해! 어린 새끼가 싸가지가 없네? 네가 할 수 있을 거 같아?"

솔직히 내가 고소를 할 정도로 금전적인 여유가 있는 것도 아니었고, 설령 고소를 한다 한들 과연 이길 수 있을지, 어쩔지도 확실하지 않았다. 하지만 적어도 그 순간만큼은 단 한마디도 지고 싶지 않았다.

전화를 끊고서, 한참 동안 화를 삭이지 못하고 씩씩거렸다. **일 못 하**

는 새끼. 첫 아르바이트를 비참하게 끝낸 나에 대한 한 줄 요약이었다. 더 이상의 부연설명이 필요 없었다. 테이블 번호도 제대로 못 외우고, 일 습득 능력도 떨어지는 한심한 인간. 솔직히 너무 억울했다. 처음으로 서빙 일을 배운 것이고, 익숙해지는 데 시간이 조금 더 필요했던 것뿐인데, 이렇게까지 낭떠러지에 내몰려야 하는 걸까? 이젠 일하는 게 무서워졌다. 내가 뭘 할 수 있지?

고시원 침대에 주저앉아 있기를 몇 시간, 문자 한 통이 왔다.

"학생, 계좌번호 알려줘."

분명 아까 한바탕 싸워댔던 호프집 사장의 그 번호임이 틀림없다. 단 몇 시간 만에 이렇게 꼬리를 내리고, 순순히 돈을 주겠다고? 그 몇 시간 동안 무슨 일이 있었는지는 모르겠지만, 내 입장에서는 나쁘지 않은 일이었다. 과정이야 어쨌든 일단 떼먹힌 돈은 수중에 들어오는 것이다. 뭔가 덥석 계좌번호를 알려주는 것도 모양 빠지는 것 같았다. 하지만 아무래도 상관없었다.

"XX은행. 035…" 전송 버튼을 누르고 침대에 드러누웠다. 아까 전까지만 해도 당장 법원에 달려가서 고소장이라도 제출할 것 같았지만, 현실은 영화처럼 극적으로 흘러가지 않았다. 호프집 사장도, 나도 그냥 순순히 현실을 받아들일 뿐이었다. 돈만 주면, 돈만 받으면 더 이상 얼굴

붉힐 필요도 없이 깔끔하게 끝날 일이었다. 굳이 신고니, 고소니 난리를 치면서 착실히 쌓아 올렸던 현실을 한순간에 무너뜨릴 필요가 없다는 것을 서로가 잘 알고 있었다.

30분쯤 지났을까. 고시원 앞 편의점의 ATM에 카드를 집어넣었다. **잔액: 236,421원.** 아르바이트로 번 첫 돈. 부모님과 친척들에게 받은 용돈을 제외하고, 생판 처음 보는 사람 밑에서 일하면서 받은 돈이었다. 뭔가 돈이 좀 더 들어온 것 같기도 했지만, 아무래도 상관없었다. 얼른 이 사실을 친구에게 자랑하고 싶을 뿐이었다.

"야, 나 23만 원 받음ㅋㅋㅋㅋ"
"ㅈㄴ많이 받았네? 밥이나 사라."
"ㅈㄹㅋㅋㅋㅋㅋ"

오늘은 오랜만에 고기를 먹어야겠다.

2016년 11월 어느 날, 퇴근길에서
그날 먹었던 순대국밥을 기억하며

늦은 밤이었다. 몸이 으슬으슬 추운 그런 날씨였다. 눈송이가 되지 못한 설익은 빗방울들이 잔뜩 쏟아졌다. 운 좋게 눈송이가 되었던 것들은 길바닥에 닿은 지 얼마 되지 않아 산산이 부서져 형체조차 알아보기 힘들었다. 일부는 자동차 보닛과 앞 유리에 내려앉아 눈꽃을 펴보았지만, 아직 세상에 내려오기는 조금은 일렀는지 얼마 지나지 않아 물방울이 되어 흘러내렸다.

일이 끝나고, 피곤에 찌든 몸을 이끌고 힘겹게 45인승 통근버스에 올라타 창문에 가만히 몸을 기대었다. 평소 같았으면 별 신경도 안 썼을 창문에 맺힌 물방울이나 바깥 풍경 하나하나가 눈에 거슬렸다. 그날따라 유난히 더 힘들어서 그랬던 것 같다. 평소 나른 적 없었던 생수를 하루 종일 옮기고, 점심시간에는 사람들에 치여서 밥도 제대로 못 먹고, 작업 관리자들은 그날따라 더 예민하게 굴면서, 사람 성질머리를 살살 긁어댔다. 하, 시발. 이런 상황에 익숙해지는 게 화가 났다. 당장이라도 그만두고 집에서 쉬고 싶은 생각이 굴뚝 같았다. 하지만 당장 그만두면 먹고살 수 있는 방법이 없었기에, 좆같고 힘들어도 꾹 참을 수밖에 없었다. 통근버스의 TV에서는 한참 동안 비트코인에 대해서 한바탕 토론을 하고 있었다. 사실상 도박이 아니냐, 가상화폐가 화폐로서의 가치가 있느냐 같은 주제로 뉴스의 패널들이 열띤 토론을 펼쳤다. 네이버 검색어에는 1위부터 10위까지 각종 가상화폐의 이름으로 가득 차 있었고, 신문 기사에는 가상화폐로 한탕 거하게 땡긴 사람들이 번 돈을 현금화하고 있다는 소식뿐이었다. 마냥 부럽지만은 않았다. 아니 부러움의 감정이 생길 힘이 없었다고 보는 게 맞겠다. 당장 나는 먹고살 돈도 없는데, 한가하게 저런 곳에 돈을 때려 박을 여유조차 없었다. 주변 친구들이 5만 원 투자해서 20만 원 벌었다는 이야기를 들으면, 주변 사람들의 그런 투자가 마냥 비현실적으로 느껴지기만 했다. 저렇게 해서 돈을 벌 수 있구나 싶으면서도, 쉽게 돈을 버는 그런 모습에 회의감이 들었다. 나도 돈만 많았으면 적당히 비트코인으로 투자놀음하면서 용돈 정도는 벌었을 텐데 싶은 괜한 생각에 사로잡혔다. 하지만 백날 남들과 비교해 봐야 나에게 남는 것은 부모님에 대한 원망과 어쩌다가 이 지경이 된 걸까 싶은 착잡한 마음뿐이었다. 더 이상 생각하는 것은 깊은 패배의 구덩이로 자진 입수하는 것일 뿐이었다.

 한동안 멍한 눈빛으로 창문 밖을 뚫어지게 쳐다본 후에야 창문을 가득 덮은 이슬을 닦아냈다. 뭉쳐진 이슬이 주르륵 흘러내려 유리창이 반들반들해질 때쯤, 후드의 모자를 뒤집어쓰고 유리창에 머리를 기댔다. 이내 쏟아지는 졸음을 어쩌지 못하고, 덜컹거리는 진동을 자장가 삼아

까무룩 잠이 들었다. 얼마나 잠들었을까. 버스가 브레이크를 밟는 폼이 어느덧 목적지에 도착했나 보다. 이제는 자다 깨서, 어디인지 확인하지 않아도 직감적으로 알 수 있다. 웅성웅성하는 소리와 함께 사람들이 우르르 일어나 내리기 시작했다. "수고하셨습니다!" 늘 그렇듯 인사치레로 기사 아저씨에게 한마디씩 건네면서 내린다. 굳이 하지 않아도 될 말이지만, 오늘 하루도 수고한 나 자신과 그리고 당신들을 위해 나지막이 읊조리며 하루를 경건히 끝마치는 일종의 의식이 되어버렸다.

어느덧 시간은 저녁 9시. 남들은 진작에 퇴근하고, 맥주 한 캔 마시면서 소파에 드러누웠을 테지만, 나는 이제서야 제대로 된 저녁 식사 한 끼를 할 수 있는 그런 시간이다. 이 시간에 퇴근할 때면 벌써부터 다음 날 출근할 것이 걱정되곤 한다. 내일 새벽이면 졸린 눈을 비비고 또다시 이곳 통근버스 정류장에 서서는, 저 멀리 들어오는 통근버스를 썩은 동태 눈깔로 바라만 보고 있겠지. 으슬으슬한 날씨에 정류장 앞 편의점에서 사 온 따뜻한 캔커피 하나를 손에 쥔 채, 그것을 손난로 삼아 추위를 달랠 것이다. 벌써 몇 달째 반복하고 있는 하루의 시작인지 기억조차 잘 나지 않는다. 지겨울 정도로 똑같은 하루에 이골이 날 지경이지만, 적어도 퇴근하고 집에 돌아가는 이 시간만큼은 다가올 초췌한 새벽은 잠시나마 머리에서 지워야겠다고 생각했다. 내일의 일은 내일의 내가 알아서 잘 처리할 것이다. 출근하기 싫다, 출근하기 싫다 구시렁거리면서도 조건반사적으로 세면대 앞에 서서 따뜻한 물이 나올 때까지 기다리고 있을 것이기에, 나는 당장 오늘의 저녁부터 해결해야겠다.

한 번 늘어지게 기지개를 켜고 나서 511번 버스에 올라탔다. 오늘은 뭐 먹지. 야근이 끝나고 집에 갈 때쯤이면 뭔가 야무지게 먹고 싶다는 생각이 들 때가 많았다. 일하면서 먹는 점심식사와 저녁식사는 도무지 맛있게 먹을 수가 없었다. 구내식당으로 쏟아져 내려오는 사람들에게 치여, 급하게 위장에 음식들을 쑤셔 넣다 보면, 그곳에서의 식사는 맛있게 먹으려는 것이 아니라 단순히 배를 채우려는 행위에 불과하다. 그저 위장에 무언가를 채워 넣고, 채워 넣은 음식으로 저녁까지 버텨야 한다. 단 1분이라도 휴게실의 의자에 앉아서 더 쉬고, 밖의 흡연장에서 담배 한 개비를 더 태우기 위해, 식판 위에 올려진 음식들을 스피드 레이서처럼 신속, 정확하게 먹어 치우는 것이 이곳 물류창고에서의 진정한 '점심시간'이다. 몇백 명이 단 하나뿐인 식당에서 밥을 먹기 위해 점심시간을 알리는 벨이 울리면, 뭐에 홀린 것처럼 우르르 달려 나가, 언제 줄어들지 모르는 인파 속에서 자기 차례가 돌아올 때까지 하염없이 기다려야 한다. 너무나도 비참한 일이다. 인간의 기본적인 욕구인 식욕마저도 이 좁다면 좁다고 할 수 있는 물류창고에서는 경쟁 종목의 일부로 치환되어야 한다. 식당까지 죽어라 달려가지 않으면 1시간밖에 주어지지 않은 점심시간 동안 밥 한 숟갈 제대로 뜨지 못하고, 다른 사람들이 밥 먹는 것만 구경하다가 제자리로 돌아와야 할지도 모른다.

가는 길에 편의점이라도 들러서 뭐라도 먹을까? 1,800원짜리 편의점 김밥에 900원짜리 컵라면이면, 3,000원도 안 되는 돈으로 그럴듯한 한 끼 식사를 해결할 수 있을 것이다. 하지만 영 구미가 당기지 않았다. 이제 편의점 김밥만 먹으면 속이 메슥거리고, 당장이라도 화장실에 달려가고 싶은 심정이다. 통장에 돈이 들어오려면 며칠은 더 기다려야 했다. 하지만 오늘은 왠지 따뜻한 국물이 먹고 싶다. 플라스틱 용기에 담긴, 영혼 없이 차가운 도시락이 아니라 제대로 된 밥 한 끼를 하고 싶었다. 대체 이 알 수 없는 부족함은 무엇일까. 단지 이 부족함이 밥을 적게 먹고, 많이 먹고의 문제는 아니었고, 배고픔과 배부름의 경계를 찾는 그런 문제도 아니었다. 음식의 물리적인 양으로 표현할 수 없는, 마음 한편의 허전함의 근원을 찾는 문제였다.

버스 창문에 기대어, 한참 동안 생각했다. 이게 정말 제대로 된 삶인 것인가. 남들은 아는 사람들 통해서 들어간 조금 더 편한 일자리에서 시급도 나보다 몇천 원씩 더 받아가면서 일하는데, 나는 그들의 몇십 배의 시간과 노동력을 투자하면서도, 버는 돈은 6만 원이 채 안 되는 이 비참한 현실을 받아들일 수 없었다. 그렇다고 남들보다 불성실하게 살아온 것도 아니었다. 비행이니, 탈선이니 하는 것들은 해 본 적도 없고, 중학교 졸업할 때까지 피시방이니, 노래방이니 하는 것은 근처에도 가지 않았다. 나는 그저 부모님 말씀 잘 듣고, 착하게 살아왔을 뿐이었다. 하지만 그렇게 성실하게 살아서 돌아온 것은 당장 밥 먹을 돈도 없는 비루한 통장일 뿐이었다. 그리고 그런 내 모습에 화가 났다. 화가 나지만, 내가 할 수 있는 것은 딱히 없었다. 지난 일에 대해서 후회할 수도 없었고, 현재 닥친 상황에 대해 불평해 봐야 통장 잔고가 극적으로 변하는 것도 아니었다. 어차피 망한 인생인데, 뭐 어쩌겠는가.

 당장 내일 밥 먹을 돈이 없어 편의점에서 1,000원짜리 과자를 사 먹을지언정, 오늘만큼은 제대로 된 음식을 먹어야겠다고 다짐했다. 어차피 돈은 일한 만큼 다음 주에 들어올 것이고, 고작 밥 한 끼일 뿐인데 단 몇천 원에 목숨 걸면서 스스로를 비참하게 만들고 싶지 않았다. 굶을 때 굶더라도, 먹을 때는 원 없이 먹어보자. 문득 그런 생각이 들었다. 통 크게 마음을 먹었지만, 어찌 됐든 건조한 통장 잔고를 고려할 수밖에 없었다. 그리고 당장 내일 아침에 아침 대신 마실 캔커피 한 잔 정도의 돈은 남겨 놓고 싶었다. 버스에서 이런저런 음식들이 스쳐 지나갔지만, 그중에서도 뚝배기에 국물이 부글부글 끓는 그런 찐득한 것이 먹고 싶었다. 정말 막연한 이미지였다. 뻘건 국물에 김이 모락모락 나고, 크어어어 하면서 먹을 수 있는 그런 음식이 먹고 싶었다. 버스 정류장에서 내려 문을 열었을 만한 식당을 찾아 헤맸다. 찌개든 탕이든 뭐든 좋았다. 9시가 훌쩍 넘은 시각, 다른 곳은 이미 셔터를 내렸지만, 유독 한 군데는 환하게 불을 켜고 있었다.

"24시 청진동 해장국"

"순댓국 하나 주세요."

얼마 지나지 않아 깍두기와 다대기, 새우젓이 식탁 위에 올랐다. 스테인리스 컵에 물을 가득 담아 벌컥벌컥 들이마셨다. 오래간만에 식당에서 먹는 물이라 그런가, 물조차도 맛있었다. 물류창고의 구내식당에서 먹는 물도 똑같은 물이지만, 내 돈 주고 먹는 물이라서 그런가, 더 칼칼한 것 같기도 했다. 마음 같아서는 소주 한 병이라도 시켜 놓고 순댓국을 안주 삼아 한잔하고 싶었지만, 내일도 새벽잠을 이겨내고 통근버스를 타야 했다. 오늘처럼 피곤에 찌든 몸에 몇 잔 들어가기라도 하면, 해가 중천에 떠서야 눈을 뜰 것 같았다. 아쉬운 마음에 컵에 담긴 물만 들이마셨다. 주문한 지 5분도 채 지나지 않아 뚝배기에 순댓국이 가득 담겨 나왔다. 역시 한국의 패스트푸드는 햄버거도 샌드위치도 아닌 국밥이다. 후릅. 가볍게 국물 한 숟갈을 입에 넣었다. 구수하다. 조금 밍밍한 순댓국에 벌건 다대기를 한 스푼, 두 스푼을 넣었다. 이제야 살짝 얼큰한 듯하면서도 적당히 간이 잘 맞는 것 같다. 발갛게 물든 순댓국에 밥 한 공기를 넣고 잘 말아서 그 위에 잘 익은 깍두기 하나를 올려 입 안에 넣었다.

존나 맛있다. 더 이상 무슨 말로 이 맛을 형언할 수 있을까. 부가적인

2016년 11월 어느 날, 퇴근길에서

수식어구는 오히려 그 맛의 본질을 해치는 불필요한 MSG일 뿐이다. 어깻죽지를 따뜻하게 감싸는 순대국밥 한 숟갈로 하루 종일 추웠던 몸과 마음을 조금은 누그러뜨릴 수 있었다. 발바닥에 불이 나게 이쪽저쪽 뛰어다니면서 물건을 들었다 내렸다 했던 것도, 관리자한테 별것도 아닌 걸로 욕을 얻어먹은 것도 조금은 잊을 수 있었다. 점점 몸이 뜨거워진다. 코에는 콧물이 주렁주렁 매달리고 있었지만, 그런 건 아무래도 좋았다. 뚝배기에 고개를 처박고, 그릇 밑을 향해 정신없이 숟가락질을 해 댔다. 하지만 물류창고의 구내식당에서 1분이라도 더 악착같이 쉬어 보겠다고, 허겁지겁 밥을 먹어대던 그 숟가락질과는 너무도 달랐다. 밥을 먹는 게 이렇게 재밌는 일이었던가? 뚝배기 끄트머리에 남은 국물 한 모금을 싹싹 훑어 먹고, 의자에 허리를 기댔다.

아, 잘 먹었다.

가끔은 여기서 저녁을 먹어야겠다. 통장 잔고가 허락하는 한, 피곤한 하루를 끝마치고 나면, 이곳에서 근사한 한 끼를 해야겠다.

국밥 예찬론
뜨끈한 국밥, 든든하게 먹어야지

언제부턴가 국밥이 좋아졌다. 어렸을 때는 뭐 저런 걸 먹나 했지만, 나이를 먹을수록 왠지 국밥이 좋아졌다. 배고프고, 꾸덕꾸덕하면서도 따뜻한 무엇인가를 먹고 싶을 때마다, 습관적으로 국밥집을 찾았다. 전날 술을 거하게 마시고 속이 쓰릴 때는 콩나물국밥을, 영 입맛도 없고, 먹고 싶은 것도 딱히 없지만 한 끼 배부르게 먹고 싶을 때는 순대국밥을, 칼칼한 맑은 국물을 먹고 싶을 때는 돼지국밥을 먹곤 했다. 아르바이트를 하고, 고된 일에 시달리기 시작하면서, 국밥은 나의 소울푸드 중 하나로 자리 잡았다. 퇴근하고서 출출하면 한 번쯤은 국밥을 먹곤 했으니 말이다.

생각해 보면 우리나라 근로자들을 아울러서 가장 사랑받는 음식이 국밥 아닌가 싶다. 어떤 직종에서 종사하든, 점심시간 때마다 항상 사람들이 차 있는 곳이 어디냐고 묻는다면, 높은 확률로 국밥집일 것이다. (물론 백반집이나 직장인들에게 소문난 맛집 같은 곳이 있을 수도 있지만…) 별 생각 없이 먹을 수 있으면서도, 한 끼만 제대로 먹어도 배가 쉽게 꺼지지 않는 국밥 특유의 그 묵직함 때문에 많은 사람들이 국밥을 좋아하는 것이리라. 비단 오늘날에만 국밥이 사랑받는 것은 아닌 것 같다. 현진건의 『운수 좋은 날』에서도 나오지 않던가. 비 오는 날에 인력거 끌고 달리던 김 첨지가 퇴근하자마자 설렁탕을 사 들고 집에 간 것을 보면, 한국인들 DNA 어딘가에 국밥이 새겨져 있는 건가 싶을 정도로, 국밥은 일하는 사람들에게 떼려야 뗄 수 없는 그런 존재다. 나 역시 그런 국밥 유전자를 갖고 있는 사람으로서 온갖 종류의 국밥을 먹어왔다.

달걀이 올려진 콩나물국밥에는 젓가락으로 살살 풀어 흰 거품이 몽글몽글 올라올 때, 잘 익은 섞박지나 깍두기를 올리고, 입을 최대한 크게 벌려 한입에 베어 물어야 한다. 잘 익은 깍두기일수록 씹을 때마다 입 안에서 가득 터져 나오는 달짝지근하면서도 시큼털털한 농익음을 잘 음미해야 하기 때문이다. 순대국밥에는 다대기를 2티스푼 정도 풀어 벌겋게 간을 해야 한다. 그러고 나서 가볍게 국물 맛을 봐야 한다. 어떤 집에서는 다대기만으로도 간이 잡히기도 하지만, 또 다른 집에서는 다대기로는 조금 국물 맛이 모자란 경우도 있다. 그럴 때는 소금을 숟가락 끄트머리에 살짝 담아서 잘 섞어주면 자칫 느끼해질 수 있는 국물의 맛을 잡아줄 수 있다. 그러고 난 다음에는 적당히 간이 된 국물에 공깃밥을 탁 넣어 잘 젓고, 잘 익은 깍두기를 탁 올려 순대 간 같은 고기와 함께 한 숟갈을 터프하게 입에 욱여넣어야 한다. 그런 후에 물 한 모금을 가볍게 넣어주어야, 국밥을 먹는 기본적인 구분 동작의 완성이라고 할 수 있겠다.

가끔은 콩나물국밥도, 순대국밥도 당기지 않는 날이 있다. 주면 먹겠지만, 그렇다고 해서 막 먹고 싶다는 생각이 들지는 않는 그런 날이면, 맑은 돼지국밥 한 그릇을 시켜 먹었다. 집 근처에는 없어서 기차 타고 저 아래의 부산까지 내려가서 돼지국밥을 먹고는 했다. 부산의 돼지국밥이 다른 국밥과 다른 점이 있다면 양념간장으로 간이 살짝 되어 있는 부추가 나온다는 것이다. 이 부추가 국밥과 어울리면서, 순대국밥이나 콩나물국밥에서는 맛보기 힘든 아삭아삭한 식감을 살려준다. 앞접시에 담겨 나오는 부추를 풀고, 다대기 한 스푼 정도를 넣어 간을 잘 맞춘 다음에, 얇게 썰린 돼지고기를 숟가락 위에 올려 먹으면, 순대국밥의 꾸덕한 맛도 아니면서, 콩나물국밥의 맑은 맛도 아닌 그 중간의 시원한 맛이 난다. 이 시원한 맛에 끌려다니다 보면, 따로 깍두기를 집어 먹을 틈도 없이 게 눈 감추듯 한 그릇을 다 먹어 치울 수 있다. 그렇게 한 그릇을 깨끗하게 비울 때면, 마음 한편에 몽글몽글 피어오르는 훈훈한 기운을 가득 머금을 수 있다. 그리고 이내 퍼지는 포만감은 원초적인 행복 그 자체를 맛볼 수 있게 한다.

  분명 어렸을 때는 국밥 같은 음식에는 관심이 없었다. 다른 애들처럼 치킨이나 피자에 환장하며, 가끔씩 엄마한테 사 달라고 졸라대던 평범한 꼬마였다. 하지만 나이를 한두 살 먹을수록 국밥을 찾게 됐다. 국밥의 가격이 다른 음식에 비해 상대적으로 저렴한 것도 한 몫 했지만, 다른 먹을 걸 두고서 굳이 국밥을 찾은 것에 특별한 이유가 있는 것은 아니었다. 단지 뜨끈하고, 든든한 한 끼 식사를 제대로 하고 싶다는 욕구 때문이었던 것 같다. 그렇다고 한정식 식당에서 한 상 거하게 차려서, 상다리 휘어지게 나오는 그런 밥을 먹고 싶은 것은 아니었다. 단 한 그릇이라도 '아, 잘 먹었다.'는 생각이 드는 그런 밥을 먹고 싶었다. 제대로 익지도 않은 김치 쪼가리에 편의점에서 사 온 720원짜리 라면을 끓여 먹고, 일하는 곳의 식당 메뉴에 진절머리가 날 때면, 그저 밥다운 밥을 먹고 싶었다.

정말 '본능'이라는 단어가 적절할 것이다. 누가 가르쳐주지도 않았고, 내가 먹고 싶은 것이 '국밥'이라는 것을 명확히 알고 있었던 것도 아니었다. 하지만 밥에 대한 욕망이 커질 때마다 어렴풋이 그려졌던 '뜨끈하고 꾸덕꾸덕한 것'이 생각날 뿐이었다. 다만 내가 생각하는 '뜨끈하고 꾸덕꾸덕한 것'이 국밥에 근접할 것이라고 때려 맞췄을 뿐이다. 그렇게 본능에 이끌려 먹은 국밥은 나를 항상 따뜻하게 품어줬다. 가진 돈이 만 원밖에 없어도, 피곤해서 쓰러질 것 같아도 국밥은 나를 배신하지 않았다. 아르바이트가 끝나고 터덜터덜 집으로 돌아가는 길에 먹는 국밥 한 그릇을 먹는 것이 나에겐 작지만 소소한 행복이었다. 가끔 혼자 밥 먹기가 적적할 때면, 집에 계시던 어머니와 함께 콩나물국밥에 소주 한잔을 걸치기도 했다.

술이 한 잔, 두 잔 들어가고 나면 괜히 엄마에게 엿 같은 내 인생을 푸념하곤 했다. 사는 게 너무 힘들다고, 언제까지 이렇게 팍팍하게 살아야 할지 모르겠다고 하소연했다. 나는 항상 여름엔 덥고, 겨울엔 추운 곳에서 남들의 두 배, 세 배를 일하면서도 일당 6만 원밖에 못 받는 것이 너무 화가 난다고 말했다. 2시간 일하고, 고작 10분, 20분씩 쉬어가면서 끊임없이 때려 박는 노동력에 비해서 버는 돈은 고작 이것뿐이냐고 괜히 엄마에게 열을 내기도 했다. 나보다 수백 배는 더 힘든 삶을, 나의 곱절을 살아온 당신에게 나는 두서없이 이런저런 얘기를 쏟아내기 바빴다. 하지만 그렇게라도 하지 않으면 도무지 견딜 수가 없었다. 누구에게 묻든, "너의 인생은 원래 그런 것이다."라고 말해주지 않을 것임을 뻔히 알면서도, 나는 끊임없이 물어봤다. '쨍하고 볕들 날이 올 것이다.'라는 옛말도 더 이상 믿고 싶지 않았다. 당장 지금조차 먹고 살기 힘들어서, 발가락에 물집이 잡히고, 굳은살이 박이는데, 언제까지 밝은 미래가 도래할 것이라고 스스로를 희망고문하고 싶지도 않았고, 그렇게 희망고문할 영양분마저 더 이상 남아 있지 않았다. 혹자는 말할 것이다. "그럼 너의 인생은 거기서 끝나는 것이냐?"고. 물론 아니다. 앞으로도 십수 년을 더 살 테지만, 그때까지도 내 모습이 이럴 것이라고 생각하고 싶지는 않았다. 다만, 사는 게 너무 힘들었을 뿐이었다. 아무리 열심히 살아도 입에 풀칠하는 것조차 힘들어서, 입에 '힘들다'는 말을 달고 사는데 내가 더 어떻게 해야 하는 걸까. 끝이 보이지 않는, 칠흑 같은 터널 속에서 하루에도 수십 번씩 좌절했고, 고통스러워했다. 삶의 의지가 생기지 않았다.

엄마는 말없이 한 숟갈을 먹었다. 엄마는 굳이 많은 위로를 하려고 하지 않았다. 다만 이렇게 말할 뿐이었다. "언젠가는 스쳐 지나간 이 순간을 추억하게 될 거야."라고 얘기할 뿐이었다. 나도 말없이 한 숟갈을 먹었다. 그저 추억이 될 이 순간을 기억하기 위해, 안경에 김이 잔뜩 서리도록 훈훈한 콩나물국밥을 입 안에 가득 넣었다.

엄마는 김치찌개를 드시지 못한다
김치찌개와 나

나는 어렸을 때부터 유난히 김치찌개를 좋아했다. 딱히 어떤 이유나 계기가 있는 것은 아니었다. 다만 기억조차 잘 나지 않는 어린 시절부터 김치찌개라면 사족을 못 썼던 것만 기억난다. 그렇다고 또래의 아이들과는 다르게 김치 먹는 것을 좋아했던가? 하면 그건 아니었다. 괜히 밥상에서 '반찬 가리지 말고 김치 먹으라.'는 아버지의 잔소리가 듣기 싫어 애꿎은 배추김치만 밥 위에 올려놓고선, 비빔밥이라며 휘적휘적 저어서 양념 빠진 흰 배추만 먹으려고 애썼던 기억이 선명하다. 뭐 하는 짓거리냐며 귓방망이를 후리시던 아버지의 불호령은 덤이었다. 물론 그럴 때마다 어떻게든 그 빌어먹을 배추김치를 먹지 않겠다는 의지만 더 강해질 뿐이었지만 말이다. 되도록이면 아버지와 함께 식사하지 않기 위해 별 핑계를 다 대면서 식사 시간을 미루려고 발악해도, 억지로 밥상머리로 불려갈 때면 아버지는 어김없이 반찬통에 담긴 배추김치 한 무더기를 내 밥 위에 올려놓으셨다.

어쩌면 김치찌개를 좋아했던 것은 김치의 그 벌거스름한 몰골을 보지 않아도, 아버지가 말하는 '김치'를 먹을 수 있었기 때문일지도 모른다.

혹은 어린 나이에 받아들이기 힘들었던 김치의 자극적인 양념과 식감이 물과 소금, 그리고 감칠맛을 내는 간장과 버무려져 용케 내 입맛에 잘 맞아서일지도 모른다. 일주일에 한 번쯤 어머니가 끓여주시는 김치찌개는 나를 김치를 먹어야 한다는 압박감으로부터 해방시켜 준 감사한 존재였다. 어머니는 그런 나를 위해 아버지 눈치를 봐 가면서 일주일에 두세 번씩 끓여주실 때도 있었다. 물론 눈치 빠른 아버지는 "이 새끼 김치 안 먹는다고 김치찌개만 처먹는 것이냐?"면서 어김없이 내 귓방망이를 대차게 후리셨다.

하지만 나는 그런 김치찌개를 너무도 사랑했다. 학교에서 시험을 보는 날이면, 스스로를 다독이고 격려하기 위해 김치찌개를 먹었고, 가끔 몸살이 나서 이부자리에 드러누워 있을 때도 무의식적으로 김치찌개를 찾았다. 속이 메슥거려도 김치찌개 한 그릇에 해장을 할 정도로, 김치찌개는 어느 순간 내 인생에서 떼려야 뗄 수 없는 그런 존재가 되었다. 하지만 나이를 먹고, 혼자 사는 날이 길어질수록, 김치찌개와는 아주 조금 거리를 두게 되었다. 별다른 이유는 아니었다. 내가 만들어 먹는 김치찌개가 맛이 없어서였다. 동네 슈퍼에서 산 김치 한 봉지와 참치 캔 하나, 혹은 국거리용 돼지고기, 대파 한 뭉텅이 그리고 간장 두 큰술, 소금 조금. 엄마가 끓여주는 김치찌개의 재료는 이게 전부였다. 이 모든 것을 냄비에 담고 팔팔 끓이는 것일 뿐이었다. 흔한 MSG조차 넣지도 않고 끓일 뿐인데, 항상 혓바닥을 휘감는 독특한 맛이 났다. 밥을 말아 먹고 싶은 그 맛.

하지만 똑같이 끓여보려고 별 노력을 다해 봐도 그때의 그 맛이 통 나지 않았다. 단순히 간이 싱겁고, 짜고의 문제도 아니었고, 요리를 잘하고 못하고의 문제도 아니었다. 그저 내가 먹었던 그 김치찌개의 맛이 나지 않았다. 끓이는 시간이 문제인가 싶어 국물맛이 진해지게 팔팔 끓여보기도 하고, 김치 맛이 별로인가 싶어 잘 익은 김치를 구해다가 끓여보기도 했지만 도무지 그 맛을 재현할 수 없었다. 반복되는 원인 모를 실패에 이내 단념하고, 김치찌개가 먹고 싶을 때면 김밥천국이나 백반집에서 사 먹기로 했다. 하지만 밖에서 남이 요리해주는 김치찌개는 어딘가 깊은 맛이 모자랐다. 굳이 표현하자면 '아 배부르다. 근데 내가 뭐 먹었지?' 싶은 생각이 들었다. 밖에서 먹는 김치찌개는 어느 순간, 음식의 맛을 느끼기를 포기하고 단순히 배를 채우면서 허기짐을 달래기 위한 수단일 뿐이었다.

하지만 내가 이토록 사랑하는 김치찌개를 엄마는 드시지 못한다. 많고 많은 김치찌개 중에서도 돼지고기를 듬뿍 넣은 김치찌개를 드시지 못하신다. 돼지고기든, 소고기든, 닭고기든 입에 대기만 해도 튀어나오는 헛구역질과 메스꺼움을 어린 시절부터 달고 사셨던 엄마는, 원인 모를 섭식장애 때문에 돼지고기를 넣고 끓인 김치찌개를 드신 적이 없다. 엄마는 어떤 고기든 입에 넣는 것부터 고역이라며, 고기 특유의 누린내가 코를 찌르는 게 너무 역하다고 하신다. 그래도 양념갈비나 치킨 같이 고기 특유의 향이 묻히는 고기 음식은 그나마 입에 가져다 대시긴 하지만, 그마저도 한두 조각 정도밖에 드시지 못하신다. 다른 것은 다 차치하더라도 고기의 특유의 그 식감을 어떻게 극복할 수가 없다고 한탄하셨다. 한 번은 회식 자리에서 사람들이 하도 맛있게 고기를 구워 먹길래, 무슨 맛인가 싶어 양념갈비를 억지로 밀어 넣었지만, 나중에는 화장실에서 모조리 토해버렸다고 말씀하실 정도니 얼마나 섭식장애가 심한지 감도 잡히지 않는다.

"엄마, 그래도 고기 못 먹는 데에 이유가 있지 않을까요? 어렸을 때 고기 먹고 병원에 실려 갔다든지, 알레르기가 있었다든지 뭐 그런 이유가 있는 거 아니에요?"

"나도 모르겠다. 느이 외할아버지 말로는 내가 어렸을 때 의사가 그랬대. 얘는 고기 먹으면 죽는다고. 그래서 그때부터 억지로 채소만 먹고 그래서 이렇게 돼 버렸어야. 나도 모르겠다."

"그래도 뭐 단백질이나 이런 것도 먹어야 되는 거 아닌가? 원래 고기 못 먹으면 영양실조 같은 거 걸리는 거 아니에요?"

"그래서 낙지랑 회 먹잖아. 죽으라는 법은 없다고 생선은 먹을 수 있으니까."

"희한하네. 엄마, 그래도 김치찌개 같은 건 국물 정도는 먹을 수 있지 않아요?"

"아니, 고기가 들어갔는데 어떻게 먹겠니."

"그러면 그동안 집에서 김치찌개 끓일 때 간은 어떻게 맞춘 거예요?

맛도 모르는데."

"그냥 대충 감으로 하는 거지, 뭐. 눈대중으로 보면 어떻게 해야 맛있겠다 감이 오는 거지."

엄마는 가볍게 으쓱하면서 말했다. 그런 엄마의 자랑 아닌 자랑을 들으면서 왠지 모르게 엄마에 대한 존경심과 함께 안타까움이 동시에 새어 나왔다. 지난 몇십 년 동안 당신은 드시지도 못할 김치찌개를 단순히 나를 위해서, 그리고 가족을 위해서 끓이셨을 것이 아닌가. 나는 그제야 엄마가 끓인 김치찌개가 맛있었던 이유를 어렴풋이 알 것 같았다. 내가 혼자 자취방에서 끓여 먹던 김치찌개가 왜 맛이 없었는지도 조금은 알 것 같았다.

그 남자가 부산에 가는 이유
새벽 3시, 돼지국밥 먹기 좋은 시간

앞서 말했던 것처럼, 나는 국밥에 환장한 놈이다. 요새는 정말 심심하면 한 번씩 국밥을 먹곤 한다. 집에 먹을 게 없어서, 딱히 먹고 싶은 게 없어서, 혹은 그냥 국밥이 고파서 시도 때도 없이 국밥집 문을 열곤 한다. 순대국밥이든, 콩나물국밥이든 '가성비' 측면에서 항상 우위에 있어서인지 몰라도, 지갑 사정이 넉넉지 못한 내 입장에서는 국밥만큼 훌륭한 음식이 없다.

하지만 지난 시간 동안 수도 없이 많은 국밥을 먹었지만, 집 근처에서는 유독 쉽게 먹기 힘든 국밥이 '돼지국밥'이다. 사실 전국 어디에서든 순대국밥이나 콩나물국밥을 파는 곳은 정말 심심찮게 볼 수 있다. 아무리 한산하고, 유동인구도 많지 않은 골목이라도 허름한 국밥집 하나쯤은 있기 마련이다. 당장 네이버 지도에 국밥이라고 치면 전국에 몇천 개가 넘는 국밥집이 검색된다. 검색되지 않는 허름한 곳까지 포함하면 그 수가 더 많을 테지만, 그 많은 국밥집에서도 유난히 돼지국밥을 파는 곳은 찾기가 힘들다. 심지어 '이런 것도 있어?' 싶을 정도로 별의별 것이 다 있는 드넓은 서울에서조차 돼지국밥을 파는 곳 찾기가 힘들다. 돼지국밥 한 번 먹어보겠다고 인터넷에 '서울 돼지국밥'을 검색해 봐도 한 번 가려면 대중교통을 타고 두 번, 세 번은 갈아타면서 가야 하는 곳도 있고, 대중교통으로는 차마 가기도 힘든 곳들 뿐이다. 돼지국밥만의 맛을 내기 힘든 무언가가 있는 것인지, 아니면 만들기가 힘든 것인지 돼지국밥 전문점은 도통 찾기가 힘들었다.

하도 돼지국밥 먹기가 힘들다 보니, 이왕 먹을 거라면 음식의 본고장에서 제대로 한번 먹어보자는 또라이(?) 같은 오기가 샘솟았다. 순대국밥집에서 사이드 메뉴로 파는 이도 저도 아닌 돼지국밥을 먹을 바엔, 제대로 된 곳에 가서 '정통 돼지국밥'을 먹어보자는 생각이었다. 그리고 그 오기 하나로 밑도 끝도 없이 부산을 내려갔다. 왜 부산이냐고? 돼지국밥의 고향이 부산이지 않은가. 어차피 지하철 타고 버스 타고 1시간, 2시간씩 걸려서 갔다 올 바에야 겸사겸사 놀러 가는 셈 치고 부산에 내려가서 돼지국밥이나 먹고 오는 게 오히려 더 나은 방법인 것 같았다. 어딘가 나사 왕창 빠진 듯한 생각 때문에 돼지국밥이 먹고 싶을 때면, 서울역에서 부산 가는 무궁화호를 탔다. 사실 돼지국밥도 돼지국밥이지만, 그냥 어디론가 훌러덩 놀러 가고 싶은 마음을 합리화한 것뿐이기도 했다. 학교에서 수업을 듣다가 별안간 돼지국밥이 먹고 싶어, 그날 저녁에 배낭 하나만 들쳐 메고 서울역에 가 버리기도 하고, 금요일 저녁에 퇴근하다가 오랫동안 어디 놀러 간 적이 없다 싶으면 집에서 속옷과 핸드폰 충전기만 배낭에 담아 서울역으로 냅다 달려가기도 했다.

밑도 끝도 없이 부산으로 떠날 때면, 서울역에서 출발하는 무궁화호를 탔다. 별다른 이유가 있어서는 아니고, 단지 늦은 시간에 탈 수 있는 가장 저렴한 열차이기 때문이었다. 돈만 많았으면 KTX 탔지, 느리고, 좌석도 불편한 무궁화를 굳이 탈 이유는 없다. 하지만 뭐 어쩌겠나, 피할 수 없으면 즐겨야 한다. 무궁화호 특유의 그 퍽퍽하고 각진 좌석에 기대어, 5시간 반 이상을 쉼 없이 충청도와 경상도를 가로질러 달리다 보면, 새벽 밤공기가 차가워질 무렵 부산역 앞에 도착하게 된다. 얼마나 부산을 자주 내려왔으면, 부산역 앞 롯데리아가 반가울 지경이다. 정작 고향인 광주조차도 1년에 한 번 갈까 말까 하는데 지인도, 친척도, 아무 연고도 없는 부산을 이렇게 자주 오게 될 줄이야. 익숙하게 에스컬레이터를 타고 반쯤 피곤에 감긴 눈을 비비고서 부산역 3번 출구로 내려온다. 모든 사람들이 깊은 잠에 들고, 부산역 앞 택시 승강장을 가득 채우던 택시들조차도 잠시 쪽잠을 자는 시각, 새벽 3시. 아무리 늦은 시각이어도, 이곳 부산에 오면 입국심사를 거쳐야 한다. 새벽이지만, 부산역 앞에서 유일하게 24시간 동안 돼지국밥의 육수를 끓이는 '신창 국밥'에서 국밥 한 그릇을 비워내야 한다.

이곳에서 돼지국밥을 먹었던 첫 기억은 부산에 처음 왔던 2013년 겨울이었다. 에버랜드에서 한 달 동안 하루 종일 눈과 쓰레기를 치우면서 받은 130만 원으로 부산 여행을 떠났었다. 영화에서 떡대 넓은 형님들이 '마, 니 둥킨도나쓰 안 묵어봤제?' 같은 터프한 사투리를 쓰는 것으로

만 접해왔던 부산이 그때는 너무도 궁금했다. 당시 내가 알고 있는 부산에서 관광지로 유명한 곳은 고작 해봐야 해운대 정도였다. 그마저도 영화 〈해운대〉에서 쓰나미로 박살이 난 가상현실 속 해운대가 유일했다. 막무가내로 부산역에 도착해서는 금강산도 식후경이라고, 태어나서 처음으로 부산에 왔는데 그럴듯한 음식은 먹어봐야 하지 않겠나 싶었다. 부산에 내려오는 길에 '부산 맛집', '부산 유명한 음식' 같은 것을 인터넷에 부지런히 검색하면서 찾은 씨앗호떡이나 밀면, 돼지국밥 하는 것들을 찾기 위해 부산역 근처를 하염없이 어슬렁거렸다. 길을 건너 맛집 비슷한 것을 찾기에는 초행길에 길을 헤맬까 괜히 불안하기도 했고, 일단 저기까지 건너가기에 너무도 귀찮았다. 한참을 부산역 앞 조그마한 골목 앞을 어슬렁거렸다. 골목 하나가 전부 돼지국밥집이었다. 저 끄트머리에 감자탕집 같은 것이 있는 것 같기도 하지만, 일단 이 근방은 하나같이 어디 TV 프로그램에 소개된 유명한 돼지국밥집인 듯했다. 한참을 망설이다가 조심스레 한 곳의 문을 열고 들어갔다. 쭈뼛쭈뼛 의자에 앉아 돼지국밥 하나를 주문하고, 주위를 둘러보았다. 여행객들인지, 여기 사람들인지 모르겠지만 꽤나 많은 사람들이 이곳을 가득 채웠다. 맛집은 맛집인가 보다.

밑반찬으로 부추와 깍두기, 양파가 접시에 담아져 나오고 얼마 지나지 않아 김이 모락모락 올라오는 뜨끈한 돼지국밥이 나왔다. 양념이 되어 있는 부추를 돼지국밥 위에 올리고, 다대기를 조금 풀어 휘휘 저은 국밥에 잘 익은 깍두기를 올려 한 숟가락 떠 먹었다. 여태껏 먹어보지 못한 담백한 맛이었다. 너무 자극적이지도, 그렇다고 너무 밋밋한 맛도 아니었지만, 한 입 먹을 때마다 계속 빨려들어 가는 그런 맛이었다. 별 것 넣지도 않은 것 같은데 이런 맛이 어떻게 나지 싶었다. 솔직히 말해서, 돼지국밥이 다른 지역의 음식들이나 소위 말하는 맛집들의 음식들처럼 모양새나 그 맛이 화려하지는 않다. 그렇다고 맛이 정말 기가 막혀서 다른 집들처럼 몇 시간씩 줄을 서서 먹어야 하는 그런 음식도 아니다. 하지만 돼지국밥만이 갖는 단순하지만 진득한 맛, 화려하지 않지만 수더분한 국물 맛은 나로 하여금 부산을 심심하면 한 번씩 방문하게 하는 이유가 되었다. 사람도 나이를 먹다 보면, 어느 순간에는 수더분하고 진국인 그런 사람들이 좋아지고, 계속 만나지 않던가. 음식도 똑같다.

혼자 술 먹는 게 어때서요
혼자서도 잘 먹습니다

　나는 술을 좋아한다. 정확히는 술 마시면서 오르는 취기와 그 취기 속에서 사람들끼리 미친 듯이 떠들면서 텐션을 끌어올리는 그 분위기를 좋아한다. 별것도 아닌 데도 괜히 낄낄거리면서 웃고 떠들고, 한 명, 두 명씩 술에 취해서 헛소리하는 걸 듣는 게 그렇게 재밌을 수가 없다. 술에 취해서 시뻘게진 얼굴로 젓가락이라도 하나 떨어뜨리고, 마시던 술잔이 갑자기 바닥에 박살이 나서 나뒹굴고 있으면, 그 모습이 마냥 재밌기만 하다. 가끔은 술에 기대서 평소에는 하지 못했던 무거운 이야기나 마음에 담아두고 살던 이야기를 할 때도 있다. 누가 먼저 그런 얘기를 하자고 한 것도 아닌데, 어느 순간 보면 '이 새끼들이 나이를 먹긴 먹었나 보구나' 싶을 정도로 사뭇 진지한 이야기들을 꺼내고 있다. 나중에 결혼하면 애는 어떻게 키워야겠다든지, 앞으로 뭐 하면서 먹고살아야 할지 같은 소위 말하는 '어른들의 이야기'들로 쉴 새 없이 떠들었다. 몇 년 전이었다면, 재미없게 이런 얘기를 왜 하냐고 했을 텐데, 시간이 많이 흐르긴 한 것 같다. 가끔은 자기네들 인생을 한탄하거나, 미처 알지 못했던 사정들을 하나, 둘 꺼내기도 한다. 옛날에 얼핏 스쳐 지나가면서 했던 말들이 이제서야 이해되는, 그런 마음속 깊은 이야기들을 풀다 보면, 어느새 테이블 한편에는 초록 병이 가득 세워져 있다.

"짠 하자. 짜안~"

쓰고 텁텁한 소주를 입 안 한가득 털어 넣는다. 무의식적으로 컵에 담긴 물을 벌컥벌컥 들이켜고, 식어 빠진 매운탕을 한 숟갈 떠먹는다. 안주라고는 졸아든 국물에 생수만 줄곧 부어서, 밍밍해져 버린 매운탕뿐이지만, 우리는 끊임없이 소주를 마셔댔다. 이놈의 탕은 언제 먹어도 맛이 똑같다. 분명 쑥갓도 넣고, 콩나물도 넣고, 넣을 건 다 넣었는데 마트에서 파는 인스턴트 매운탕 맛이 나는 건 왜일까.

"형, 많이 마셨는데 괜찮아?"
"엉? 괜찮아, 괜찮아. 내일 출근 안 해. 이럴 때나 마시는 거지, 언제 먹겠냐. 흐흐."
"형, 담배나 한 대 피우고 오자."
"어, 좋지, 좋지. 필 때가 되긴 했어."
담배 피우고 들어온 지 30분이 채 안 됐지만, 친구들 손에 이끌려 밖으로 나갔다. 이렇게 술 먹으면서 담배 피우는 게 몸에 그렇게 안 좋다는데, 몸에 안 좋은 건 왜 이리 재밌기만 한 걸까.
"아 형, 나 담배가 없다. 한 개비만."
"어어, 여기."

터보 라이터를 들이밀었다. 치익. 시뻘건 불기둥 속에서 벌겋게 달군 담배를 입에 물었다. 뭔 맛으로 피고 있는지 잘 모르겠지만, 아무튼 친구들과 이렇게 담배 한 대씩 피우면서 술도 깨고, 노가리도 까는 게 꽤나 재밌다.

"너 집에 어떻게 가냐? 막차 끊겼잖아."

"택시 타고 가야지 뭐. 하루 이틀도 아니고."

"돈이 넘쳐나냐, 술만 먹으면 맨날 택시 타고 가네, 우리 집에서 자고 가, 인마. 돈 날리지 말고."

"엄마한테 오늘 집 들어간다고 했어. 오늘 집 안 들어가지? 바로 쫓겨난다."

"니가 뭔 애냐? 나이 스물 몇 살 처먹고서 집에서 쫓겨나."

사실 나조차도 내가 무슨 말을 하는지 잘 모르겠다. 대뇌를 거치지 않고, 되는 대로 지껄이고 있는 중이다. 그래도 말실수 따위는 하지 않겠다고 억지로 희미해진 정신을 붙들어 잡고 있을 뿐이었다. 테이블에 앉아 있는 친구들조차도 아마 내일이면 무슨 일이 있었는지 기억하지 못할 것이다.

"야, 그래도 이렇게 마시니까 좋긴 하다야."

"그러게, 다들 나이 먹고, 바쁘니까 술 먹을 시간도 없네."

"우리 한 달에 한 번은 이렇게 만나서 먹고 해야 되는 거 아니냐?"

"야, 난 맨날 혼자 술 먹고 있어. 너네가 시험이네, 알바네 하면서 시간이 안 되니까 못 만나는 거지. 난 불러만 주면 바~로 뛰어나간다 이 말이야."

"아니, 형 인스타 보면 맨날 혼자 술 퍼먹고 있더만. 대단해, 진짜."

사실, 나도 내가 이렇게 술을 자주 먹을 줄은 몰랐다. 하지만 한 살, 두 살 먹을수록 술이 고플 일이 점점 늘어났다. 일을 시작하면서부터 허구한 날 직장 상사한테 깨지고, 일 때문에 스트레스 받는 일이 늘어났다. 이런 것도 제대로 못 하냐고 욕 얻어먹는 것이 비참하게도 익숙해져 버렸다. 그것도 모자라 '너 이딴 식으로 하면 다른 부서에 보내버리겠다'고 되도 않는 으름장을 들으면서도 '내가 이 회사에서 갖는 의미가 뭘까'라고 되물었다. 당장 내가 내일 사라져도 전혀 이 회사에 지장이 가지 않을 텐데, 아침잠 설쳐가면서 굳이 출근해야 하는 걸까 싶은 생각이 미친 듯이 들었다. 이내 '내가 잘하는 게 뭐지?'라는 의구심만 습한 곳의 곰팡이처럼 미친 듯이 피어났다. 다른 회사로 가고 싶어도 마음먹은 것처럼 쉽게 가지도 못했다. 면접 보는 것조차 어려웠고, 메일로 이력서 수십 통을 보내도 대꾸조차 없었다. 설령 다른 회사로 간다 한들 뭐가 달라질까? 또다시 일 처리가 느리다고 욕만 먹는 것은 아닐까 하는 막연한 불안감과 비관밖에 쌓이지 않았다. 단순히 몸만 힘든 것은 버틸 만했다. 하지만 일을 할 때마다 마음 한구석에서 무언가를 갉아먹는 듯한 울화통과 슬픔은 아무리 겪어도 적응이 되지 않았다. 그래서 집에 가는 길에 편의점에서 소주 한 병을 저녁식사처럼 사야 했다. 근본적인 해결책이 될 수 없다는 것쯤은 잘 알고 있었다. 화가 난다고 술을 먹는 것은 알코올 중독으로 가는 지름길이라는 것도 역시 잘 알고 있었다. 하지만 별수없었다. 이게 유일한 해결책은 아니지만, 최선의 해결책이라는 것은 분명했다.

 단지 회사에서 받는 스트레스만 음주를 조장하는 것은 아니었다. 퇴근하고서 가끔 엄마한테 전화할 때면, 기분 좋은 소식보다도 암울한 소식을 들을 때가 더 많았다. 날이 지날수록 악화되는 집안 사정이나 학교에서 지지리도 공부 못 하는 동생 소식을 들을 때면, 반작용으로 술을 먹어댔다. 예전에는 술로 스트레스를 풀기보다는 집에서 게임이나 밤새 하거나, 하루 종일 잠만 자면서 나름 건전하게 스트레스를 풀었던 것 같은데 이제는 술 없이는 못 사는 그런 몸이 되어 버렸다. 처음에는 친한 친구들을 불러 술을 먹었다. 퇴근하는 길에 나름 친한 친구들에게 "술 한잔 조지러 가자." 하면서 꼬드기고는 했다. 하지만 그것도 하루 이틀이었다. 친구들은 어느새 한 놈, 두 놈 연애를 시작했고, 연락이라도 하면 죄다 "아, 나 여자친구랑 데이트 중이야, 다음에 먹자." 하면서 퇴짜를 놓았다. 비단 여자친구 때문만은 아니었다. 주말에는 아르바이트를 하는 친구도 있고, 시험기간에는 시험공부를 해야 돼서 약속을 잡지 못하는 친구도 있었다. 그럴 때마다, "어쩔 수 없지, 뭐…" 하면서 쓸쓸하게 혼자 집에 들어와야 했다.

그래서 나는 혼자 술을 먹었다. 먹어야겠다고 마음먹은 이상, 빈손으로 집에 들어가기는 뭐했다. 친구들이랑 먹을 때처럼 부어라 마셔라 진탕 퍼먹을 수는 없어도, 나 혼자서라도 오붓이 술잔을 적시고 싶었다. 그래야 오늘의 스트레스와 설움을 해소할 수 있을 것만 같았다. 5년 넘게 쓴, 한쪽 다리가 고정이 잘 되지 않아 휘청거리는 접이식 식탁을 펴 놓고, 집 근처에서 사 온 안주들을 주섬주섬 꺼냈다. 곱창집에서 사 온 양념구이 막창이나, 동네 횟집에서 사 온 광어회 만 원어치 정도면 훌륭한 안주거리였다. 밑반찬이라고 해봐야 냉장고에 처박혀 있는 오래된 김치가 전부이지만, 가끔 야근도 하지 않고, 주말에 특근도 잡혀 있지 않은 그런 금요일이면, 편의점에서 햇반 하나와 인스턴트 오뎅탕까지 사 와 '불타는 금요일'의 행복한 저녁식사까지 배불리 해결할 수 있었다. 이렇게 사면 술까지 포함해서 2만 원은 족히 들지만, 돈은 딱히 신경 쓰고 싶지 않았다. 이렇게 원 없이 먹겠다고 아침, 점심, 저녁으로 뼈 빠지게 일한 것이 아닌가.

편의점에서 소주 한 병에 섞어 마실 토닉워터 한 병을 사 왔다. 생소주는 도무지 혼자서 먹기 힘들었다. 밖에서는 시끄러운 분위기에 휩쓸려서 정신없이 먹을 수 있어도, 소음이라고 해 봐야 노트북 돌아가는 소리밖에 없는 우리 집에서는 소주가 목구멍을 넘어가지 않았다. 그렇다고 맥주를 섞어 먹자니, 소맥은 영 뒷맛이 텁텁했다. 안주보다도 맥주로 배를 채우는 것 같아 편의점에서 1,500원짜리 토닉워터를 사 와서 섞어 먹었다. 굳이 토닉워터가 아니어도 좋다. 매실주스나, 핫식스를 섞어 먹어도, 소주 특유의 그 씁쓸하고, 역한 냄새가 나지 않는다. 먹다 보면 칵테일을 먹는 것 같기도 하고, 조금 알딸딸해지다 보면 조금 쓴 음료수를 먹는 것 같아 기분이 좋아졌다. 이렇게 마시다 보면 혼자서 소주 한 병 해치우는 것은 일도 아니었기에, 나날이 주량이 늘어만 갔다. 평소에는 소주 반병만 먹어도 속이 더부룩하고 힘이 들었는데, 혼자서 술을 먹게 된 이후로는 한 병 정도는 점심시간에 반주 한잔하듯이 해치웠다. 늘어나는 주량이 건강을 갉아먹는 것 같았지만, 그래도 기분 좋게 소주 한 잔을 하고 나면 안 좋았던 일도, 슬펐던 일도 잠시나마 잊을 수 있어서 좋았다. 일시적인 국소마취에 불과했지만, 적어도 침대에 드러누우면 올라오는 술기운에 기분 좋게 잠들 수 있었다.

　가끔은 소주가 영 당기지 않을 때도 있었다. 편의점 냉장고에서 소주를 꺼내는 게 망설여지고, 배 속에서 왠지 모르게 소주를 거부하는 것 같은 느낌이 들 때가 있었다. 소주가 잠깐 질린 건지 소주 먹는 상상이라도 하면, 속에서 뭔가가 넘어오는 듯한 느낌이 들 때가 종종 있었다. 하지만 술을 마시고는 싶을 때면 편의점에서 청하 두 병을 샀다. 소주 특유의 씁쓸한 맛이 나지도 않으면서, 목구멍을 기분 좋게 넘어가는 목 넘김이 마음에 드는 술이다. 두 병 정도 먹으면 알딸딸해져 기분 좋게 침대에 드러눕기도 좋아서 가끔은 소주 대신에 청하를 마셨다.

식탁 한편에는 인터넷 개인방송이나 예능 프로그램 같은 것을 틀어 놓곤 했다. 가뜩이나 조용한 원룸에서 같이 이야기하는 사람은 없어도, 적어도 시끄러운 뭔가라도 있어야 술 먹는 기분이 들었다. 아무도 없는 텅 빈 방에서 청승맞게 혼자 술을 먹는 것은 왠지 내가 알코올 중독자임을 수긍하는 것만 같았다. 하지만 모니터 너머로 쉴 새 없이 쏟아져 나오는 멘트들을 말동무 삼으며 술잔을 기울이면, 생각만큼 그리 쓸쓸하지 않았다. 남들이 보면 외로워 보일지도 모르겠지만, 나는 그런 적적함이 싫지만은 않았다. 늦게까지 술을 마시다가 막차 시간에 쫓겨 집에 들어가지 않아도 되고, 행여 막차가 끊겨 택시라도 타게 되면, 쏟아지는 야간 할증요금에 미터기를 하염없이 쳐다보지 않아도 된다. 술집에서 나와서 친구들과 헤어지며 '집까지 언제 가지.' 하면서 추운 거리를 비틀비틀 걷지 않아도 된다. 혼자 먹는 술이 그리 쓰지만은 않은 이유다.

물론 가끔은 친구들과 왁자지껄 떠들면서 술을 마시고 싶다.

Once upon a time in cigarette
첫 담배는 지독했다

담배는 백해무익하다. 한 뼘 남짓한 종이 쪼가리가 몸을 망친다는 것쯤은 모든 사람들이 다 알고 있다. 하다못해 세 살 먹은 꼬마조차도 본능적으로 담배가 몸에 안 좋다는 걸 아는지, 담배 무는 시늉이라도 하면 못 볼 것이라도 본 것처럼 질색팔색을 한다. 하지만 정작 그 누구보다도 담배의 위험성을 잘 알고 있을 다 큰 어른들이 뭐 그리 좋다고 심심하면 한 번씩 그 종이 쪼가리를 입에 문다.

문득 우리 집 근처 병원의 나이 많은 의사가 생각난다. 그는 매일, 아침부터 저녁까지 쏟아져 들어오는 각양각색의 다양한 환자들을 상대해야 한다. 열감기를 앓는 꼬마부터 가래 섞인 기침을 뱉는 할머니까지 5분에서 10분 간격으로 쉴 새 없이 환자들을 상대하는 것이 그의 일상이다. 한바탕 진료를 끝내고, 조금 시간이 남을 때쯤이면 자리를 박차고 나와 담배 한 개비를 태운다. 아마도 그런 자투리 시간에 담배 한 개비를 피우는 것이 그의 유일한 즐거움이었을 것이다. 나이를 지긋이 먹은 의사가 흡연하는 그 모습은 뭐라 형언하기 힘들었다. 가장 담배와 거리가 멀어야 할 의사가 본인과 가장 양극단에 위치한 물건을 가까이하는 그 모습이 너무도 어색하기만 했다. 마치 무단횡단을 하는 경찰을 보는 것처럼, 어렸을 때부터 가지런히 정돈되어 있던 이미지가 한순간에 뒤틀리는 느낌이었다. 담배를 가장 멀리해야 할 사람이 가장 가까이하고 있는 그 순간을 마주하며 '대체 담배가 뭐길래…' 싶은 생각에 한참 동안 머릿속이 복잡했다.

나는 애당초 담배를 입에 대려 하지 않았다. 중, 고등학생 때도 학교 근처에서 몰래 숨어서 피우는 양아치들을 보면서, 뭐 좋다고 저걸 저렇게까지 열심히 피워대나 싶었다. 얕은 호기심에서라도 담배를 피우고 싶지는 않았다. 피시방에서 게임이라도 할라치면, 피시방 안을 가득 메운 매캐한 연기가 목구멍에 들이차는 게 불쾌했던 기억이 있어서였을까. 담배는 혐오스러운 존재일 뿐이었다.

아버지가 입에 침이 마르도록 하시던 말씀이 있었다.

"넌 절대 담배는 입에 대지도 말아라."

아버지는 군대에서 처음 담배를 입에 대시고, 30년이 넘게 담배와의 인연을 끊지 못하셨다. 밥 한 끼 먹고 담배 한 대, 스트레스 받는 일이 있으면 줄담배, 그냥 심심해서 한 대 피우는 식으로 징글맞게 담배를 피우셨다. 끊으려는 의지가 없으셨던 것은 아니었다. 내가 초등학생 때 아버지는 "내가 담배 못 끊으면 성을 간다. 야, 사나이의 자존심을 걸고 담배 끊는다."며 금연을 호언장담하셨다. 하지만 채 일주일이 지나지 않아, 아버지는 다시 담배 끄트머리에 불을 붙이셨다.

"사나이의 자존심으로 끊으신다면서요?"

"엉? 허허…." 아버지는 실없이 웃으실 뿐이었다.

그랬던 아버지를 옆에서 보고 자라면서, 담배라는 것은 참 독한 것이구나 싶었다. 가뜩이나 절제력도 약한 내가 행여 담배를 입에라도 물면, 영영 끊을 수 없겠구나 싶은 생각이 들었다. 가끔 친구들이 옆에서 피우는 모습을 보면 왠지 나도 피워 보고 싶은 욕구가 들 때도 있었지만, 끊지 못하고 있을 내 모습이 선해서 차마 한 대만 달라는 얘기는 하지 못했다. 시험공부를 할 때도, 외국에서 유학을 가 있을 때조차도 담배하고는 인연이 없었다. 남들은 호기심에서 한 번쯤은 입에 댈 법도 한데, 나는 그런 호기심조차도 거세당한 것처럼 생기지 않았다.

하지만, 그런 호기심보다도 더 강한 무엇인가는 나의 흡연 욕구를 미친 듯이 자극했다. 23살 때 평일에는 학교를 다니고, 주말에는 9시간이 훨씬 넘는 시간 동안 아르바이트를 하면서, 뭐 빠지게 고생하고 집에 올 때면 몸은 만신창이가 되어 있었다. 시큰거리는 발목과 욱신거리는 허리를 붙들어 잡고, 통근버스에서 기절한 듯이 자고 나면, 머릿속이 씻겨 나간 것처럼 공허해졌다. 그리고 일하던 내내 참고 있었던, 밀려오는 피로감은 아무리 받아들이려 해도 적응되지 않았다. 뭣 때문에 이렇게 사는 거지. 남들은 조금 편한 곳에서 에어컨 바람을 맞아가면서 일하는데, 나는 왜 더울 때 더운 곳에서 일하고, 추울 때 추운 곳에서 일해야 하는 걸까. 내가 투입한 막대한 노동력에 비해 돌아오는 것은 7만 원도 안 되는 쥐꼬리만 한 일급이라는 사실에 미칠 듯이 허무해졌다.

그런 허무함을 맨정신으로 견디기에는 버거웠다. 뭔가 다른 것으로 채워야겠다는 생각이 들었다. 그래서였을까. 인터넷의 검색창에 '맛있는 담배'를 치며 합법적인 탈출구를 모색하고 싶었다. 고작 담배 따위로 이런 허무함이 채워질 수 있을까. 아니, 채워지지 않아도 좋다. 그냥 본능적으로 담배를 찾을 뿐이었다. 부모님도, 친구도 채워줄 수 없는 그 모호한 부분을 어떤 식으로든 지우고 싶었다.

"어… 아이스 블라스트 하나요."
"1밀리로 드릴까요? 6밀리로 드릴까요?"
"어… 6밀리요."
"신분증 좀 보여주세요."
"아, 네."
잠깐 신분증을 쓱 훑어보더니, 비닐에 칭칭 둘러싸인 각진 담뱃갑을 내밀었다.

처음으로 산 담배. 뭔가 신기했다. 집에서 책상 위에 놓여있던 아버지의 담뱃갑 이후로, 내가 내 돈 주고 산 담배. 조심스레 담뱃갑에서 한 개비를 꺼냈다. 라이터로 불을 붙이고, 길게 숨을… 어억, 뭐야, 이게. 미칠 듯이 기침이 나왔다. 뭔 맛이야, 이게….

다시 한번. 쓰읍. 허연 연기를 내뿜었다. 도무지 맛을 알 수가 없다. 몇 모금 피우지도 않고서, 땅바닥에 담배를 내던졌다. 뭐야, 이게. 밀려오는 두통과 어지러움보다도 개 맛대가리 없는 담배에 짜증이 솟구쳤다. 이걸 왜 피우는 거야? 아랫배부터 밀려오는 알 수 없는 불쾌감이 식도를 거슬러 입 안을 맴돌았다. 헛구역질이 올라오면서, 당장이라도 다 토해내고 싶은 그런 느낌이었다. 하지만 혓바닥을 만지작대며, 억지로 무언가를 토해내려 해도, 아무런 반응조차 없었다. 나올 것도 없는데 뭘 토해내려 하는 것 자체가 말이 안 되는 것이지만, 이 이물감을 한시라도 제거하고 싶었다. 하지만 마른 땅에 삽질한다고, 갑자기 땅 밑에서 오아시스가 터져 나오는 것은 아니었다. 배를 움켜쥐고 비틀비틀 계단을 올라, 방 안에 드러누웠다. 천장이 빙글빙글 돌기 시작했다. 눈을 감았다 떠도, 천장은 회전목마를 타듯이 하염없이 돌기만 했다. 이런 걸 뭐라 하더라. 삐가리 돈다고 하던가. 손 하나 까딱할 수 없는 이 불안한 느낌을 뿌리치고 싶었지만, 어찌 할 수 있는 방법은 없었다.

하지만 그렇게 처음 입에 댄 담배는, 지금까지도 달고 살고 있다. 솔직히 끊을 생각이 없었다. 일하는 건 너무 힘들고, 담배라도 피우지 않으면 피로감을 희석시키는 게 불가능했다. 담배를 끊는다는 것은 어불성설이었다. 담배를 피우기 전까지는 쉬는 시간에 흡연장에 우글우글 몰려 있는 사람들이 이해가 가지 않았다. 그 10분 남짓한 시간에 화장실 한 번 갔다 오고, 누구한테 전화라도 한 통 하면 눈 깜짝할 사이에 지나가는 시간인데 저렇게 담배를 피워야 할까 싶은 생각이 들었다. 썩 냄새도 좋지 않고, 맛도 별로인 것 같은 저것에 정신이 팔려 있는 게 이해가 되지 않았다. 하지만 담배를 입에 문 이후, 그 사람들이 이해가 가기 시작했다. 10분 동안 담배 한 개비를 피우는 것 자체가 그 사람들에게는 휴식이자, 하나의 스트레스 해소 방법이었던 것이다.

단지 담배의 니코틴 성분을 빨아서 기분 좋게 하는 것만이 담배의 효능은 아니다. 크고 작은 곳에서 아르바이트를 하고, 정규직으로 일하면서 느낀 것은 담배가 하나의 의사소통 도구가 될 수 있다는 것이었다. 짧은 쉬는 시간에 흡연장에 모여서 담배를 피우다 보면 이런저런 이야기들을 많이 들을 수 있다. 오늘 퇴근 시간은 몇 시인지부터 요새 회사 상황이 심각하다더라, 이번 달 말에 회식이 잡혀 있다더라, 연말에 야유회를 간다더라 등등 평소에는 듣지 못한 소식들을 흡연장 구석에 앉아 있다 보면 들을 수 있었다. 비단 대외적인 소식만 들을 수 있는 것은 아니었다. 잠깐 당사자가 없는 틈을 타서 흘러나오는 크고 작은 뒷담화도 흡연장에서만 체험할 수 있는 콘텐츠였다. 평소에 쌓아두고 있던 불만들을 터뜨리다 보면 답답했던 속이 시원해지기도 하고, '나만 이런 생각하는 게 아니었구나.' 싶은 생각에 왠지 모를 안도감과 동질감이 느껴지기도 했다. 당사자 앞에서는 당연하다는 듯이 군소리 않고 예예 하던 사람들이, 입에 모터라도 단 것처럼 술술 나오는 욕들을 듣고 있노라면, 회사에서는 두꺼운 가면 하나 정도는 써야 하는구나 싶은 생각이 들기도 했다. 흡연장은 20대 초반인 나에게 실전 사회생활을 배울 수 있는 또 다른 작은 교실이었다.

흡연장은 작은 사교의 장이기도 했다. 평소에는 인사나 가끔 하고, 말 한마디 잘 안 섞는 사람이라도, 흡연장에만 오면 언제 그랬냐는 듯이 이런저런 얘기를 나누면서 친해지기도 했다. 회사 들어온 지 얼마 안 된 사람이 "여기가 흡연장인가요?" 하면서 조심스레 흡연장 문을 열고 들어올 때면 괜한 동질감에 반가워서라도 한마디씩 더 건네기도 했다. 한두 번 같이 담배를 피면서 회사 생활이 어떻고, 이 사람은 인성이 별로다, 멀리해야 하는 사람이다 하면서 이런저런 이야기들을 알려주다 보면, 처음 보는 사이임에도 금방 친해지는 경우가 많다 보니, 이래서 '학연, 혈연, 지연 그리고 흡연'이라는 우스갯소리가 괜히 나오는 게 아니구나 싶었다.

지난 몇 년 동안 담배를 피우면서, 이런저런 일련의 이유 때문에 담배를 쉽게 끊지 못하겠더라. 지난 십수 년을 흡연자 옆에서 살아오신 엄마 조차도 내가 담배 피우는 것에 별말씀을 하지 않으신다.

"엄마, 나 담배 피우는데 별말 안 하시네?"
"아니, 뭐 걱정은 되지."
"그런데요?"
"끊으라고 끊냐?"
"그건 아니지. 흐흐. 이거라도 펴야 정신 잡고 일하지."
"그래, 너 알아서 하는 거지, 뭐. 네가 애냐?"

엄마는 의외로 덤덤하게 내가 흡연한다는 것을 받아들이셨다. 처음에는 엄마에게 '저 담배 피워요'라고 말하기에 껄끄러웠다. 아무리 다 큰 성인이고, 법적으로 담배를 피우는 데에 전혀 문제가 없다고는 할지라도, 괜히 말했다가 '몸에도 안 좋은 걸 왜 피우냐'고 된통 혼날 것 같아서 1년 동안은 쉽게 말을 꺼내지 못했다. 하지만 언제까지 감추고 살 수는 없는 노릇이었고, 정말 어렵게 말을 꺼냈다.

"엄마, 나 담배 피운다."
"너 담배 피워? 언제부터?" 적잖이 당황하신 듯한 목소리였다. 여지껏 담배와는 거리가 멀어보였던 아들이 자기 입에서 담배를 피운다고 했으니 그럴 만도 했다.
"한 1년 됐을걸요. 물류창고 나가서 일할 때부터였으니까."
"갑자기 왜 피우는 건데? 너 어렸을 때는 담배 냄새 맡기도 싫다고 막 그러지 않았어?"

"그랬었죠…. 근데 뭐 안 피울 수가 없더라고요. 힘들기도 하고, 그냥 피우고 싶었어."

어떻게 변명을 늘어놓아야 할지, 뭐라고 이야기해야 엄마가 납득할지 감이 잡히지 않았다. 애당초 몸에도 안 좋은 담배 피우겠다는데, 옳다구나 납득하실 분이 어디 있겠는가.

"그래, 너무 많이 피우지는 마, 몸에도 별로 안 좋은 건데."

하지만 엄마는 의외로 덤덤하게 내가 담배 피우는 것을 허락하셨다. 길이길이 날뛰면서 뭐라고 하실 줄 알았지만, 그럴 줄 알았다는 듯이 말씀하실 뿐이었다.

"너 얼마 전에 집 왔을 때, 너보고 담배 냄새 난다고 네 동생이 그러더라. 뭐 대충 눈치챘지. 얘가 담배를 피우긴 하는구나 싶더라고. 그래도 학교 다닐 때는 담배는 입에도 안 대고, 유학 가서도 안 피우던 애가 이제 와서 담배 피운다고 하니까 그러려니 싶더라고."

이런 철없는 아들내미를 키우시고, 이해해주시는 어머니에게 그저 감사할 뿐이다.

유리병 속 작은 구피는 살아야 했다
반려동물 이야기 (1)

어렸을 때 '구피'라는 물고기를 키운 적이 있었다. 물고기라고 해 봐야 손가락 두 마디가 채 되지 않는 작은 물고기였지만 말이다. 어느 날 아버지가 어디에선가 정말 작은 새끼 구피 몇 마리를 흰 비닐봉지에 담아 가져왔었다. 콧대를 비닐에 바짝 붙여야지 꾸물꾸물하는 게 보였던 작은 구피는 한두 달 만에 꽁무니에 제법 크고 아름다운 검붉은 무늬를 치장하고서 우리 집 거실 탁자 위의 유리병 구석구석을 헤집고 다녔다.

그러던 어느 날이었다. 새벽잠을 뒤척이던 차에 늦은 밤, 화장실을 가기 위해 거실의 불을 켰을 때였다. 탁자 위의 유리병은 고요한 소용돌이에 제멋대로 날뛰고 있었다. 검붉은 꽁무니의, 지난 몇 개월 동안 탁자 한구석을 메우던 구피가 자기 몸집에 절반도 채 되지 않는 무언가를 맹렬하게 추격하고 있었다. 새끼 구피였다.

불과 며칠 전에 자기가 낳았을 새끼였으리라. 적게는 수십 개, 많게는 수백 개의 알을 낳았을 구피는 그가 만들어낸 모든 피조물들을 도로 자신의 위장에 욱여넣었다. 몇 날 며칠을 배 속에 담아 놓았던 무수한 알들을, 낳은 지 얼마 되지도 않아 막 유리병을 기어 다녔을 새끼 구피들을 마치 자신을 위해 풀어놓은 사료인 것 마냥 맹렬히 추격하여 아가리에 집어넣었을 구피를 보며 구역질이 올라왔다.

　태어난 지 몇 분이 채 되지 않은 새끼 구피는 살기 위해 헤엄쳐야 했다. 자신의 뒤를 쫓는 저 거대한 생명체가 자기를 낳은 어머니라는 것은 채 알지도 못한 채, 새끼 구피는 처절하게 헤엄쳐야만 했다. 그런 구피를, 어린 나는 눈에 보이는 밥그릇에 대충 생수를 부어 허겁지겁 국자로 퍼내어 낼 수밖에 없었다. 그런 그릇을 들고, 아직 새벽잠에 빠져 있던 아버지를 우두커니 바라볼 수밖에 없었다.

　그리고 얼마 지나지 않아, 검붉은 꼬리를 흔들며 유영하던 그 구피는 유리병 바닥에 거꾸로 누워, 꺼지지도 않은 배때지를 내밀며 숨을 다했다. 그날 이후로 다시는 물고기 같은 것들은 키우지 않으리라 다짐했다.

햄스터를 잡아먹는 개미
반려동물 이야기 (2)

고등학교 1학년 때였다. 기억은 잘 나지 않지만, 동생이 어디선가 햄스터 한 마리를 가져왔었다. 한 마리에 만 원도 안 되는 작은 햄스터였다. 아버지는 당연히 '뭔 쥐새끼를 데려왔냐'며 질색하셨다. 동생은 강아지나 고양이는 못 키우더라도 햄스터는 털이 날리는 것도 아니고 크게 신경 쓸 것도 없으니 그럭저럭 키울 만하지 않겠냐며 아버지를 설득했다. 그렇게 어영부영 그 햄스터는 '꼬맹이'라는 이름으로 거실 한복판에 자리를 잡고 분홍색 케이지 속에서 열심히 쳇바퀴를 굴려대기 시작했다.

처음에는 그저 신기했다. 사람을 제외한 어떤 포유류가 우리 집에서 살아간다는 게 실감이 되지 않았다. 가끔씩 해바라기씨 같은 걸 케이지 틈 사이로 들이밀 때면 쪼르륵 달려 나와 우물우물 먹이를 삼키는 모습을 보고 있으면 내가 뭔가를 키우고 있다는 것을 체감하게 했다. 이따금씩 거실 바닥에 앉아 햄스터를 멍하니 바라보고 있을 때 나를 알아보는 것처럼 케이지를 붙잡고 깡충 뛰고 있는 걸 볼 때면, 구피 같은 멍청한 놈들과는 달리 이놈은 나를 인지하고 있구나 하는 기특한 마음까지 들었다.

하지만 햄스터는 어느 순간부터 모든 걸 체념한 것 마냥 케이지 구석진 곳에서 잠을 자는 일이 많아졌다. 점점 살이 찌는 것 같아 먹이통에 양배추나 상추 같은 채소를 넣어줘도 먹는 둥 마는 둥이었다. 아버지는 뒷산 어디에선가 가져온 나무를 깎아 장난감을 만들어 케이지에 넣어주기도 하셨지만, 햄스터는 처음 보는 물건에 조금 흥미를 보이는가 싶더니 이내 다시 구석진 곳에 몸을 웅크렸다.

그러던 어느 날이었다. 여느 때처럼 학교 급식실 구석진 곳에서 은색 식판에 맛없는 급식을 기계적으로 먹고 있던 때였다. 동생에게서 문자 한 통이 왔다.

"오빠, 꼬맹이 죽었어…."

어처구니가 없는 말이었다. 어제까지만 해도 멀쩡하던 애가 하루아침에 죽을 리가 없었다.

"개소리ㄴㄴ 갑자기 왜 죽음?"
"진짜야ㅠㅠㅠ 아빠가 죽었대…."

잠시 숟가락을 내려놓았다. 이해가 되지 않았다. 어젯밤까지만 해도 멀쩡하던 햄스터가 새벽 사이에 죽었다는 상황 자체도 이해가 되지 않앉을뿐더러, '죽음'이라는 단어가 그 순간만큼은 너무도 생소하고 어색하게 느껴졌다. 예전부터 뉴스에서, 그리고 신문 기사에서 숱하게 봐왔던 단어였지만, 우리 집 꼬맹이의 죽음은 그저 비현실적으로 다가왔다. 머리가 멍해졌다.

7교시가 끝나고 집에 돌아왔을 때, 아버지는 어디 가셨는지 보이지 않았고 동생은 울고 있었다. 거실 한복판의 분홍 케이지에는 아직도 죽은 꼬맹이가 있었다. 시간이 얼마나 지났는데 아직 치워내지 못한 것일까. 아버지는 어디로 가신 걸까. 꼬맹이가 이빨로 갉아낸 빛바랜 케이지 창살 사이로 꼬맹이가 보였다. 숨이 다한 몸뚱이 위로 개미 떼가 우글거렸다. 일사불란하게 한 줄로 횡단하는 개미 떼를 보면서 역겨움이 솟구쳤다. 그들도 그들 나름의 생존 방식으로, 먹고 살기 위해 죽은 몸뚱이 위를 횡단했던 것이리라. 죽은 지 얼마 되지 않은, 생명이 다한 몸뚱이 언저리에서 꺼내 먹어야 할 영양분이 뭐가 있다고 그들은 일렬종대로 꼬맹이의 몸 위를 오르내렸다. 다가구주택의 개미들에게는 그저 맛 좋은 고깃덩어리로 인식되었으리라. 산 자가 죽은 자를 잡아먹는, 잔인하리만큼 냉정한 작은 생태계의 순환을 그날, 우리 집에서 억지로 목도해야만 했다.

진작에 양지바른 곳에 묻혔어야 할 꼬맹이를 왜 아버지는 두고 나가서 이런 험한 꼴을 보였어야 하는지에 대한 의문은 조금 나중의 일이었다. 얼마나 지났을까. 아버지는 조용히 들어와 죽은 꼬맹이를 신문지에 둘둘 말아 다시 밖으로 나가셨다. 남들은 개나 고양이를 화장까지 해서 바래다준다지만, 우리는 그럴 여력도, 그럴 시간조차 없었다. 그렇게 꼬맹이는 우리 집에서 영영 떠났다.

아버지는 늦은 새벽이 되어서야 돌아오셨다. 잔뜩 술에 취해서는 말이다.

"내가 씨발… 어? 꼬맹이를… 요 뒷산에 묻고 왔단 말이다! 어? 씨발 것아. 저짝 철장에서 딱 꺼내니까 그렇게 가볍더라. 잉? 속이 텅텅 비어 부렸다고. 알긋냐? 씨이발."

그날 새벽은 유난히 아프고 시렸다. 쏟아지는, 영문을 알 수 없는 욕설과 모진 말들은 나로 하여금 다시는 반려동물 같은 것은 키우지 않겠다고 다짐하게 했다. 다시는.

J와 고양이, 그리고 나
반려동물 이야기 (3)

2년 전 즈음이었다. 매일매일 햇빛이 푹푹 찌다 못해, 조금만 움직여도 온몸에 땀이 들어차는 습하디습한 여름이었다. 하루에도 수십 번씩 빌어먹을 공장을 때려치우거나 폭파시켜야겠다고 다짐하며, 오늘도 어김없이 5분 간격으로 울려대는 알람 소리를 비몽사몽 신경질적으로 꺼야 했다. 대충 머리만 감고서는 정신은 채 차리지도 못한 채, 남동공단 가는 인천 1호선을 오르내리기 바빴다. 2달 밀린 월세와 핸드폰값을 갚기 위해 일주일마다 월급을 가불 받으며 총액 20만 원이 채 되지 않는 비루한 통장으로 하루하루를 살아가고 있었다.

아침 8시 반부터 저녁 8시까지 일하고 녹초가 된 몸을 이끌고 휘청휘청 집을 갈 때면 종종 집 근처 편의점에 들를 때가 있었다. 그곳에서 J라는 친구가 일하고 있었기 때문이다. 늦은 밤부터 해가 푸르스름하게 뜨는 새벽까지 편의점에서 일하던, 나보다 3살 어린 그 친구는 내가 퇴근할 때쯤이면 편의점에 출근했다. 마치 교대하는 것처럼 서로 저녁 인사를 주고받곤 했다.

"형, 이제 퇴근하는 거야?"
"엉, 힘들어 뒤질 것 같다. 아이스 잭이나 한 갑 줘."

잠깐 편의점이 한산할 때쯤, 담배 한 개비씩 꼬나물고 시답잖은 얘기를, 혹은 사뭇 진지한 얘기를 짧게 나누는 것이 하루 일과의 마무리였다.

어느 날이었다. J가 말했다.
"아 맞다. 형, 나 고양이 키우려고." J는 눈을 빛내며 이야기의 물꼬를 텄다.
"얼마 전에 내 친구가 고양이 한 마리를 받았대. 정확히 누구한테 받았는지는 모르겠지만, 아무튼, 근데 자기가 키우기는 좀 그렇다고 나보고 키우겠냐고 해서 키우기로 했어."
엄마에게 생일 선물을 받은 초등학생마냥 들뜬 목소리로 이야기했다. 나는 되물었다.
"새끼야? 아니면 큰 고양이?"
"한 살밖에 안 됐다더라고. 완전 새끼지, 새끼. 개쩔지?"
문득 분홍 케이지 속 꼬맹이가 머릿속을 스쳐 지나갔다. 어느 순간 떠날지 모르는 작은 생명이라는 사실이 머릿속을 맴돌자, 나는 이내 J의 선택을 만류하기로 했다.

"야, 원룸에서 고양이 키우기 겁나 힘들어, 인마. 그 고양이 똥냄새며 고양이 냄새, 그거 어쩔 거야, 인마."

잠시 연기를 내뿜고, 축축한 침 한 움큼을 길바닥에 내던졌다.

"니 밥 먹는 돈도 빡빡해서 알바 두 탕 뛰는 판에 고양이 밥값까지 니가 내게? 버는 돈 고양이한테 다 꼬라박게 생겼네."

"아, 괜찮아. 괜찮아. 친구가 그 고양이 먹던 사료나 스크래처 이런 것도 준다 그랬어." 그러거나 말거나 J는 이미 새끼 고양이를 맞이할 준비를 마쳤고, 일주일이 지났을 무렵, 그의 침대에서 함께 먹고 자는 새끼 고양이의 집사가 되었다.

하지만 J가 새끼 고양이의 집사 노릇을 더 이상 하지 못하게 된 것은, 불과 한 달 후의 일이었다.

J는 분양 받은 고양이를 하루 종일 자랑했다.

"형, 이거 봐 봐. 겁나 귀엽지? 완전 개냥이라니까? 만날 앵겨 가지고 겁나 귀여워 진짜." 우리가 흔히 생각하는 도도하고 콧대 높은 고양이의 이미지와는 사뭇 다른 그의 고양이에 눈을 빛내며 흥분을 감추지 못하고 있었다. 야간 아르바이트가 끝나면 애옹애옹 울면서 자기에게 달라붙었을 고양이를 생각하면 잠도 못 자고 일한 피로감도 조금은 연해지지 않았을까 싶다.

하지만 평일 새벽에, 자야 할 시간에 제대로 눈조차 못 붙이고 서서 무기력하게 바코드를 찍는 생활이 몇 주가 반복될 무렵, J는 눈에 띄게

수척해 보였다. 그도 그럴 것이 금요일에는 야간 아르바이트가 끝나고 나면 2~3시간 잠시 눈을 붙이고 다시 주간 아르바이트를 하러 나가기까지 했으니 몸뚱이가 퍼져 버릴 수밖에 없었다. 평소에는 잔병치레도 잘 안 하던 그가 열감기에 시달려 마른기침을 내뱉으며 반쯤 눈이 풀리며, 힘없이 "형, 밥이나 먹자."라고 중얼거렸다.

학교 근처 식당에서 김치찌개와 제육볶음을 시켜 놓고서는 말했다.
"시발, 먹고살기가 힘든가 보네. 평소에는 멀쩡하던 애가 갑자기 아퍼 부러야."
"진짜 야간 알바는 아닌 것 같아. 새벽이라 일도 별로 안 빡세고 할 만할 거라 생각했는데." J는 쓴웃음을 지었다.
"자는 시간에 일하니까 당연히 힘들지. 시발. 니 나랑 전에, 그 어디냐, 물류창고에서 일할 때도 둘 다 퍼질러졌잖어. 야간에 일하는 게 보통 일이 아니여. 아무리 편의점이어도."

J는 스테인리스 컵에 담긴 물을 들이키며 말했다.
"고양이한테도 존나 미안해 진짜."
"갑자기 왜?"
"고양이들은 야행성이잖아. 난 저녁에 나가서 일하고, 갔다 오면 아침부터 자기 바쁘고, 금요일에는 낮에 또 일 나가고. 걔가 생활하는 시간에 내가 뭐 해 줄 수 있는 게 없으니까 존나 미안해."

하긴 자기 몸 하나 간수하기도 힘든 사람인데 집에 있는 반려동물까지 신경 쓰라는 것은 너무 가혹한 일이었다.

"에그, 그래도 밥 안 굶기고, 잘 키우면 됐지 뭐. 어쩌겠냐. 너도 먹고살아야 되는 거고, 네가 일부러 방치하고 있는 것도 아닌데. 밥이나 먹자."

쟁반에 올려져서 나온 뚝배기들을 앞쪽으로 끌고 조심스럽게 한 숟가락 베어 먹었다. J는 영 입맛이 없는지, 열이 올라 불그스름해진 얼굴로 뚝배기만 바라보고는 애꿎은 숟가락질만 반복할 뿐이었다.

"엔간히 아픈 게 아닌갑네. 병원 가 봐라."

"엉, 가 봐야지. 하루 종일 자다 보니까 갈 시간이 없네."

"슬슬 일어나자. 밥은 내가 살게."

그리고 얼마 후, 다시 만난 J는 침울한 표정으로 말했다.

"지금 키우는 애, 다른 분한테 보내야 될 것 같아."

"엥? 왜? 잘 키우고 있었잖아."

"계속 내가 키우는 것도 걔한테 미안해 사실. 잘 돌봐주지도 못하고 있고. 나 일 나갔다가 들어올 때, 문 앞에서 맨날 울고 있어. 불 다 꺼진 방 안에서. 걘 아무도 없는 데에서 혼자 그렇게 있는 거잖아. 어떻게 더 키워 내가."

뭐라 더 이상 해 줄 수 있는 말이 없었다.

"그래도 할 만큼 했잖아. 그냥 타이밍이 안 맞았던 거고, 네가 이렇게 바쁘고 힘들 줄 알았냐."

그렇게 J는 그가 키우던 고양이를 같은 학교의 다른 과 사람에게 입양 보냈다. 그가 갖고 있던 몇몇 용품들과 함께. 입양 보낸 사람에게서 잘 적응해서 지내고 있다는 문자메시지와 함께 보내진 사진들을 보면서 그는 속으로 마른 눈물을 삭혔으리라. J는 아직도 그 고양이에 대한 미안함을 떠안고 있다. 꽤나 오랜 시간이 흘렀음에도, 마음 한편에 잘해주지 못한 것에 대한 후회가 남아있는 것이리라. 그런 그를 보면서 반려동물 같은 것은 키우면 안 되겠다고 또다시 다짐했다. 고양이의 하루를 오롯이 채워 줄 자신이 없었기에.

내 인생은 만년 브론즈, 실버다
내가 뭘 할 수 있지?

초등학생 때 종종 자기소개서를 쓸 일이 있었다. 거창한 자기소개서는 아니었고, 매년 학기 초에 내는 '가정실태 조사서'에 부모님 성함이나 직업 등을 적어내면서 짧게 쓰는 그런 자기소개서였다. 하지만 한 페이지 채 안 되는 자기소개란에 뭐라 써야 할지 도통 감이 잡히질 않았다. 일개 초등학생이 인생에서 역경을 겪었을 리도 없고, 그렇다고 딱히 무언가를 좋아하지도, 특출나게 잘하는 것도 없는 나로서는 자기소개서 쓰는 공간이 한없이 넓어 보일 뿐이었다. 남들은 특기에 '피아노', '축구', '바이올린' 같은 하나같이 있어 보이는 것들을 채워 넣을 때, 나는 고작 해 봐야 '책 읽기'에서 억지로 쥐어짜낸 '신문 읽기' 정도를 쓸 뿐이었다. 사실 이렇게까지 자기소개란을 채워 넣는 것에 집착할 필요는 없었다. 담임 선생님들이 이 자기소개서를 유심히 읽고, 학생들을 판단하는 것도 아닐뿐더러 고작 해 봐야 생활기록부에 몇 줄 써주는 게 전부일 텐데, 나는 괜히 남들처럼 독특한 무언가를 쓰고 싶었다. 나도 잘하는 게 있을 텐데, 시험기간에 문제집을 펴고 공부하는 것 말고도 할 수 있는 무엇인가가 있을 텐데 하면서 열심히 머리를 굴려봤지만, 어김없이 '책 읽기'밖에 쓸 수 없었다.

시간이 지나, 대학교를 다니면서 아르바이트를 구하러 다니거나, 혹은 대외활동을 위해 지원서를 넣을 때마다 이력서를 쓰는 일이 많아졌다. 그때마다 마주치는, 이력서의 한편에 적혀 있는 '취미', '특기'란은 거대한 걸림돌이었다. 손가락 하나 길이조차 안 되는 조그마한 칸에 몇 글자 적는 것일 뿐이었지만, 쉽사리 그 칸을 채워낼 수 없었다. 문득 내가 남들에게 비교우위를 점할 수 있고, 무언가를 눈에 띄게 잘하는 게 있을까라고 생각해 보면 나는 특출나게 잘하는 게 없었다. 피아노나 악기류는 다뤄보려 해도 피아노 학원 근처도 가지 못했는지라 악보조차 제대로 읽지 못했다. 학교에서 배운 음표니 박자니 하는 것들은 기억도 나지 않는다. 그림 실력은 화가인 아버지의 핏줄은 어디에서 잃어버렸는지 사람 얼굴조차도 제대로 못 그리는 초등학생 수준에서 멈췄고, 운동 능력은 가히 절망적인 수준이었다. 그렇다고 손재주가 좋은 것도 아니었다. 초등학생 때 과학경진대회에서 글라이더나 물로켓을 만드는 일이 있으면, 대부분은 걸레짝이 된 나무 쪼가리가 되거나 본드가 덕지덕지 묻은 페트병이 될 뿐이었다. 옆에서 보던 아버지가 보다 못해 새로 만들어준 것으로 대회에 나가 입상하던 것이 전부였을 정도로, 내 손재주는 아버지 말마따나 '곰손'에 가까웠다.

생각해 보면 그도 그럴 것이 학창 시절에 책상머리에 앉아서 펜대나 굴리며 공부하던 게 전부였던 나에게 남들보다 잘하는 것이 있을 리 없었다. 남들보다 잘하는 것은 책상에 망부석처럼 앉아서 교과서의 시험

범위 처음부터 끝까지 달달 외우는 것뿐이었고, 그렇게 미친 듯이 외워서 어떤 과목이든 점수를 1점, 2점이라도 더 올리는 것에 사활을 걸어야 했다. 내신 성적을 조금이라도 더 올려서, 더 좋은 고등학교에 가야 좋은 대학교에 갈 수 있다는 이야기를 엄마에게 귀에 딱지가 앉도록 들었기에, 이렇게 공부하는 것은 당연하다고 생각했다. 뭐 하나라도 잘하는 게 없으면, 공부라도 잘하는 게 다른 애들 틈에서 돋보일 수 있는 유일한 방법이라는 것쯤은 스스로 깨달았다. 하지만 그렇게 열심히 노력해도 내 한계는 너무도 명확했다. 남들은 일주일 동안 공부할 양을 한 달 내내 공부해도 전교 1, 2등을 따라잡을 수 없었다. 아무리 열심히 노력해도 선천적인 재능의 차이를 극복할 수 없다는 듯이 그들은 4과목, 5과목씩 100점을 받았다. 어느 순간에는 그런 재능의 간극을 인정하고, 받아들였다. 더 이상 저 머리 좋은 애들과 나를 비교하고, 따라잡으려 하는 것은 괜한 패배의식의 팽배를 낳을 뿐이었다. 그래서 나는 현재 상황에 안주하고 만족했다. 저 뛰어난 놈들은 이길 수 없다 해도, 적어도 나는 다른 사람들보다는 낫지 않은가, 그리고 다른 사람들의 부러움의 대상이지 않은가라고 자기 위안하기도 했다.

하지만 중학교를 졸업하고, 고등학교에서 나는 완전히 무너졌다. 온 동네에서 공부 좀 하고, 기고 난다는 애들은 모조리 모은 학교에서, 어디 중학교에서 전교권 안에 들었다고 유세 떨 수 있는 틈은 없었다. 어디 외고, 어디 과고, 어디 특목고에 지원했다가 떨어진 애들이 수두룩한

이 학교에서, 학교 선생님들은 그런 애들의 눈높이에 맞춰 수업을 할 뿐이었고, 고작 해 봐야 중학교 수업이나 잘 따라가던 나에게 그런 수업은 너무도 벅찼다. 중학교 때 했던 것처럼 자습서를 펴고 공부하려고 해도, 도무지 머릿속에 내용이 들어오지 않았다. 단순히 내용이 어려워서가 아니었다. 공부하는 방법을 잊은 것 같았다. 중학교를 졸업한 지 단 몇 개월 만에 공부하는 법을 잊었다고 한다면 거짓말 같을 수도 있겠지만 사실이었다. 아무리 교과서를 읽어 보고, 이해하려고 하던 것처럼 공부를 하려고 해도, 도무지 이해를 할 수 없었다. 뇌가 굳어버린 것 같았다. 설령 공부를 해도 중간고사의 시험문제들은 내가 공부했던 것이 아니었다. 더 어렵고, 더 복잡한 수식의 시험문제들이 즐비했고, 더 어려운 문장으로 답을 서술하게끔 했다. 나는 더 이상 아무것도 할 수 없었다. 고등학교 1학년 1학기 성적표에 적힌 '수학(가)- 8, 영어- 6, 사회- 7' 같은 생전 처음 보는 성적을 그저 받아들이는 수밖에 없었다. 물론 나보다 설렁설렁 공부한 것 같은 애들이 2등급, 3등급 받는 것에 잠깐 분노하기도 했지만, 얼마 지나지 않아 수긍할 수밖에 없었다. 그냥 '쟤들이 나보다 공부를 더 잘하는구나, 쟤들이 더 머리가 좋구나.' 하고 받아들이는 수밖에 없었다.

그렇게 암울한 학창 시절을 억지로 버텨왔다. 고등학교 3학년 때 담임 선생에게 진학 상담을 받으면서 "너는 성적 올려서 대학 들어가면 내가 1억 준다." 같은 말이나 들어야만 했지만, 어찌 됐든 대학 비스무리

한 곳에 입학했다. 대학 생활은 그래도 괜찮을 것이라 자신했다. 배우고 싶었던 것이라면 남들보다 더 열심히 공부할 수 있을 것만 같았고, 잘 할 수 있을 것이라 생각했다. 하지만 그런 생각도 얼마 지나지 않아 산산이 부서졌다. 나는 여전히 과에서 중하위권을 전전했고, 이도 저도 아닌 대학 생활을 보내야만 했다. 괜히 다른 사람들은 나보다 더 잘나고, 할 줄 아는 것도 더 많은 것 같아, 나는 그런 이들을 막연하게 부러워했다. 그들에 비하면 나는 잘하는 것은 쥐뿔도 없는, 하루하루 평범하게 살아갈 뿐인 무능력자인 것만 같았다. 그러고선 괜히 지난 시절의 부모님에게 화풀이를 하곤 했다. 공부 빼면 아무것도 할 줄 모르게 만들어 놓은 부모님이 괜히 미웠다. 축구도 좀 할 줄 알고, 게임도 좀 할 줄 알고, 악기 같은 것도 좀 칠 수 있었다면 내가 이렇게 불행할까 라고 깊은 우울감에 빠져들기 일쑤였다. 알게 모르게 스스로에 대한 자존감과 미래에 대한 기대 같은 것은 점차 희미해졌고, 어느 순간에는 남아 있지 않았다. 그저 남들에게 나의 무능력함이 드러나지 않았으면 좋겠다고 생각할 뿐이었다.

시간이 지나고, 회사에서 일을 하다 보면, 주변 사람들에게 대차게 욕을 얻어먹을 때가 있었다. 이런 것도 제대로 할 줄 모르면서, 대학은 왜 다녔냐는 인신공격적인 말도 심심치 않게 들을 때면, 종종 주변 사람들이 그런 말을 할 때가 있었다.

"넌 잘하는 게 뭐냐?"

나는 아무 말도 할 수 없었다. 고작 해 봐야 공부 좀 할 줄 안다는 것밖에 없었지만, "저는 공부를 잘합니다."라고 대꾸할 수는 없었다. 공부는 그렇게 할 줄 안다면서, 일은 이 모양으로밖에 못 하느냐고, 이래서 너를 뭘 믿고 일을 맡기냐고 되레 큰소리를 들을 것을 뻔히 알면서 굳이 입 밖으로 내밀 필요는 없었다.

"그러게요…. 저도 잘 모르겠습니다."

거진 10여 년가량을 그저 허허 웃으면서 잘 모르겠다고만 대답했다. 잘하는 게 무엇일지 끊임없이 되뇌고 찾아보려 했지만, 번번이 실패했다. 그리고 어느 순간에는 오히려 그 답을 찾는 것 자체를 외면했다.

고시텔은 지옥이다
창문 없는 감옥

앞서 말했듯이 나는 20살 때 고시원에서 산 적이 있었다. 학교에서 수업을 들으면서, 한 달 동안 짧게 산 것뿐이었지만 이런저런 사건, 사고도 많이 생겼고, 그러다 보니 그곳에서 산 지도 어언 10년이 되어 가지만, 아직까지도 이런저런 생각이 많이 드는 그런 곳이다. 고시원의 가장 큰 장점이라 한다면, 보증금이 없다는 점이겠다. 대부분의 월세방들은 기본적으로 옥탑방이 됐든, 반지하 방이 됐든 기본적으로 100만 원 이상의 보증금을 요구한다. 조금 괜찮은 방이라면 200만 원의 보증금이 걸려 있는 것은 기본이고, 서울 강남이나 종로 같은 땅값 비싼 곳이라면 500만 원을 훌쩍 넘기기도 한다. 그렇기에 한 번에 몇백만 원씩 준비하기 힘든 사람들의 경우, 고시원은 아주 훌륭한 거주공간이 된다. 보증금 없이 한 달에 20~30만 원만 있으면 당장 먹고 잘 수 있는 곳을 마련할 수 있다는 것은 엄청난 장점이다. 시설 좋은 고시원의 경우에는, 밥도 주고, 덤으로 라면도 주는 곳도 있다. 물론 밥을 준다는 게 식사를 준다는 건 아니고, 공용 부엌에 있는 전기밥솥에서 밥을 퍼먹을 수 있다는 뜻이지만, 고시원 부엌의 한 켠에 쌓여 있는 라면과 냉장고에 들어있는 공용 김치만 있어도 한 끼 식사 정도는 충분히 해결할 수 있으니, 돈 없는 학생들에게는 이만한 곳이 없다.

  나 역시 당장 몇백만 원을 어디서 구할 수 없는 입장이었기에 인터넷에서 학교 근처 고시원들을 수소문했고, 월세 25만 원의 고시원을 구할 수 있었다. 주인아주머니를 만나 저녁에는 웬만하면 빨래 돌리지 마라, 애완동물은 키우지 마라 등의 기본적인 주의사항을 듣고 나서, 덮고 잘 이불과 옷가지 몇 개, 그리고 노트북 하나를 들고 고시원의 복도 맨 끝의 작은 방에 입실했다. 고시원의 월세는 방의 상태에 따라 극단적으로 결정된다. 창문조차 없이, 고작 사람 하나 누울 수 있는 방이라면 10만 원 안팎, 창문은 없지만 방 안에 냉장고와 TV 정도는 놓여 있는 방이라면 20만 원 안팎, 창문도 있고, 안에 화장실까지 있는 방이라면 30만 원을 훌쩍 넘긴다. 하지만 제아무리 이런저런 시설들을 방 안에 넣는다 한들 고시원은 고시원일 뿐이다. 화장실이 딸린 방의 경우, 다른 사람들과 화장실과 샤워장을 같이 쓰지 않아도 된다는 장점이 있기는 하지만, 방 안에 투명한 유리로 둘러싸인, 사람 한 명 겨우 들어갈 법한 화장실을 머리맡에 두고 잘 때의 묘한 괴리감과 어색함은 불편함을 증폭시킬 뿐이다.

  하지만 고시원에서 살기 전까지는, 누가 알려주지 않는 이상 알 수 없는 그런 것들이었다. 막연하게 고시원도 사람 사는 곳인데, 대충 살다 보면 적응되지 않을까 하는 다소 안일한 생각으로 고시원에 입주했던 것 같다. 그때까지만 해도 고시원에 대한 이미지는 노량진 고시생들이 다닥다닥 모여서 미친 듯이 공부만 하면서 사법고시나 국가고시를 치열하게 준비하는, 낭만 아닌 낭만적인 이미지였다. 그런 곳에서 죽어라 공부해서 개천에서 용이 나는 드라마나 다큐멘터리 속 사람들만 봐서 그랬던 것인지, 고시원에 대한 이미지는 그리 나쁘지만은 않았다. 하지만 현실은 상상 이상으로 지옥 같은 곳이었다. 최근에 방영되었던 〈타인은 지옥이다〉를 봤던 사람이라면 기억할 것이다. 낡은 고시원에서 살던 주인공이 시간이 지나고, 그곳에서 사는 사람들과 부딪힐 때마다 서서히 미쳐버리지 않던가. 드라마다 보니 극적인 연출이 정말 많이 가미된 것이지만, 적어도 고시원에 혼자 틀어박혀 있다 보면 같이 사는 사람들과의 트러블보다도, 그 좁아터진 방 안에서 아무것도 못 하고 갇혀 있을 때 밀려오는 무기력함과 허무함을 견디기가 더 힘들다. 사실, 사람들과 부딪힐 일이 거의 없다시피 하다. 당장 옆방에 누가 사는지, 사람이 살고 있는지 관심도 없을뿐더러, 오다가다 마주칠 일도 거의 없다. 고작해 봐야 옆방에서 코 고는 소리나, 밤늦게까지 TV 트는 소리에 몸서리치는 정도뿐이다.

대부분의 고시텔의 경우 한 층에 적게는 10개, 많게는 20개 가까이 되는 방들을 배치한다. 한정된 공간에 많은 방들을 만들려면, 방 하나에 2~3평 남짓한 공간밖에 생기지 못한다. 책상, TV, 옷장, 침대 같은 가구를 때려 박고 나면 사람 한 명이 겨우 누울 만한 공간밖에 남지 않는다. 물론 가구라고 해 봐야 매트리스 침대의 발 닿는 부분 위에 옷장을 쌓고 옷장과 침대 사이에 손바닥 2개 크기만 한 TV를 놓는 것뿐이지만, 고시원이 말하는 '풀옵션'이라 할 수 있겠다. 그리고 최대한 많은 방을 다닥다닥 붙여 만들다 보니, 고시원의 상징과도 같은 '창문 없는 방'이 생기는 경우가 허다하다. '창문이 없다고?' 할 수도 있겠지만, 정말 말 그대로 방 안에 창문이 없다. 방 안에 들어오는 빛이라고는 천장에 매달린 전등의 허연 빛밖에 없다. 전등불을 꺼 버리는 순간, 외부와는 완전히 단절되어 버린다. 그런 방에 들어온 순간, 방에 들어와서 쉴 수 있다는 안락함과 즐거움보다는 외딴섬에 내던져지는 듯한 공포와 무기력감이 먼저 밀려들어 온다. 뭔가 스스로를 작은 감옥에 밀어 넣은 것 같기도 하다. 아니 오히려 감옥만도 못하다. 거긴 작은 햇빛이라도 드는 창살이라도 있지 않던가.

창문 없는 방은 심리적 고통으로 사람을 말려 죽인다. 햇빛이 들지 않으니 방의 불을 끄고서, 자고 일어나도 지금이 낮인지 밤인지 분간이 되지 않는다. 예를 들면, 핸드폰 시계로 3시 47분이어도 이게 오후인지 새벽인지 잠결에 깨서는 알 수가 없다. 그러다 보니 낮엔 깨어 있고 밤엔 자는 기본적인 사람의 생체리듬이 망가지고, 낮과 밤이 바뀌다 못해, 하루 종일 깨어 있거나 하루 종일 잠만 자는 일도 생겼다. 그렇게 한 달 넘게 살았다. 스스로를 창문 없는 감옥으로 밀어 넣은 결과는 미칠 듯한 무기력함과 우울함뿐이었다. 아무것도 하기 싫었다. 게임이고 공부고 나발이고 의욕이랄 게 생기지 않았다. 계절학기 수업도 중간고사 이후에는 잘 나가지 않았다. 반타작도 못 한 중간고사 점수에 수업이랍시고 들어봐야 C+이라는 생각에 아침마다 울리던 핸드폰의 알람도 꺼버렸다. 그저 아무 생각 없이 이불 속에 파묻혀 침대 앞 선반에 박혀 있는 손바닥만 한 TV만 넋을 놓고 봤다.

문득 이렇게 더 살다가는 미쳐버릴 수도 있겠다는 생각이 들었다. 방 구석에만 곰팡이가 피는 게 아니라, 정신적으로 곰팡이가 시꺼멓게 드리워질 것만 같았다. 계절학기가 끝나자마자, 하루가 채 지나기도 전에 고시텔에서 짐을 챙겨 들고 본가로 돌아갔다. 돌아갔다는 말보다 '탈출'이라는 표현이 적절하겠다. 햇빛조차 들지 않는 그곳에서 더 이상은 살고 싶지 않았으니 말이다. 가끔 주변 친구들 중에 이런저런 시험 준비나, 모자란 보증금 때문에 고시텔에 들어가겠다는 친구들이 있다. 그 친구들이 그런 말을 할 때면, 정말 입에 학을 떼고 경고한다.

"야, 거긴 시발 사람 사는 데가 아니야, 미친놈아!"

정신과 의사가 내 우울증을 치료하지 못한다
어쩌면 치료할 의지가 없는지도 모르겠다

나는 우울증이 있다. 아니 정확히는 있는 걸로 추측한다. 예전부터 종종 우울함을 느껴왔다. 우울함이라고 거창한 감정은 아니다. 스트레스로 인해 정신적으로 지치거나, 뭔가 목표로 했던 것을 이루지 못하면 한없이 수렁 속으로 빨려 들어갔다. 그리고 끊임없이 나 자신을 자책했다. 내가 뭘 잘못했지? 내가 뭘 할 수 있지? 내가 이렇게 모자란 인간인가? 라고 끊임없이 나 자신에 대해 회의감을 가졌다. 마음속에 스멀스멀 피어난 회의감은 곰팡이처럼 번져 나가 자기혐오로 변질됐다. 생각해보면 어렸을 때부터 이런 자기혐오의 탈을 쓴 우울함은 액세서리처럼 지니고 있었던 것 같다. 시험 점수 1점, 2점이 떨어질 때마다 이번 시험도 망했다고 자책하는 게 당연했고, '부모님한테 혼나면 어쩌지'라고 불안해하는 게 당연했다. 나는 그 불안감을 이겨내기 위해 시험 성적에 병적으로 집착했고, 생각했던 것만큼 공부가 잘 안 되거나, 성적이 잘 안 나온다 싶으면 반작용으로 끝없는 우울함에 사로잡혔다. 고등학교에 가면서 대학 입시라는 인생의 거대한 목표와 마주하면서, 등급 하나에 더 집착하고, 다른 사람들과 끊임없이 스스로를 비교하면서 이런 우울함은 더 심해졌다. 하지만 성인이 되고서는 스트레스를 받을 일이 덜해지자, 이런 우울함도 조금 덜 느끼게 되었지만, 잊을 만하면 불쑥불쑥 튀어나와 나를 괴롭혔다.

최근 공장에서 일하면서 그 정도가 더 심해졌다. 업무 실수나 내부 문제가 생길 때마다 욕 먹는 일이 생기고, 늘어난 주문량을 채우기 위해 강제적으로 해야 하는 야근이 빈번해질 때마다 심신에 한계가 왔다. 되지도 않는 이유로 욕을 먹거나, 어리다는 이유로 직장 상사들의 막말이 마음을 옥죄었다. 야근할 때, 병원 한 번 갔다 오겠다고 "차장님, 오늘은 야근 못 할 것 같습니다"라고 말해도 돌아오는 답변은 "내가 널 뭘 믿고 병원을 보내주냐? 가뜩이나 회사도 바쁜데 빠지면 어쩌게? 가서 진단서 떼 와라." 같은 엿 같은 말뿐이었다. 당장 아파서 약이라도 받아야 조금 나아질 것 같아서, 정규 근무시간이 끝나고 야근 시간에 병원 좀 가겠다는데 기껏 한다는 소리가 "널 뭘 믿고 병원을 보내주냐?"라니. 그래도 병원을 보내준다는 것에 만족해야 하는 걸까. 지난 2, 3달 동안 군소리 않고, 야근이며 뭐며 시키는 대로 다 하면서 버텨왔지만, 단 하루 정시 퇴근하겠다는 것에 저렇게 예민하게 반응해야 할 이유는 무엇일까. 비단 저런 말만 듣는 것은 아니었다. 가끔씩 내가 처리하던 업무에 문제가 생기거나, 자잘한 실수를 하기라도 하면 "어휴, 넌 잘하는 게 뭐냐?"라는 사람의 자존심을 철저하게 짓뭉개는 그런 말들을 들어야만 했다. 듣는 순간에는 속이 부글부글 끓고, 턱주가리를 시원하게 돌려버리고 싶지만, 그래 봤자 나만 손해가 될 게 뻔해 '씨발 씨발' 하면서 화장실에 처박히는 수밖에 없었다. 몇 분을 하염없이 멍 때리면서, 언제 그랬냐는 듯이 모든 걸 잊으려 애썼다. 그렇게 하루, 이틀, 한 달, 일 년이 지났고, 멘탈이 나름 단단해진 줄 알았지만, 이미 걸레짝이 되어버린 지 오래였다. 자기혐오는 극에 달했고, 더 이상 버틸 수가 없었다.

하루에도 몇 번이고 회사 근처의 정신과를 검색했다. 저녁 늦은 시간까지 여는 곳이나, 주말에도 진료하는 곳을 찾으며, 혹시나 돌팔이 같은 의사를 만날까 싶어 블로그의 리뷰까지 샅샅이 찾고 있었다. 사실 정신과를 가 봐야 도움이 안 될 것이라고 생각했다. 어차피 의사는 형식적으로 약만 처방해 줄 것이고, 근본적인 해결책을 제시해주지 못할 테니까. 하지만 이제는 썩은 지푸라기라도 잡고 싶은 심정이었다. 약이 됐든, 뭐가 됐든 피폐해진 멘탈을 치료해야겠다고 생각했다. 누군가는 정신과에서 진료받는 것 자체가 기록에 남아 나중에 보험 가입하는 데에도 지장이 생길 것이라고 경고했지만, 그런 건 상관없었다. 이 알 수 없는 우울함이 우울증이라고 확인받고 싶었고, 어떤 식으로든 치료를 받고 싶었다. 그렇게 정시 퇴근한 날, 난생처음 정신과를 방문했고, 나이가 꽤 들어 보이는 의사와 마주 앉았다.

"어떻게 오셨어요?"
"아, 우울증 때문에요."
"어떤 게 우울한데요?"

늙은 의사는 컴퓨터 모니터만 뚫어지게 쳐다보면서 뭐 그리 쓸 게 많은지 독수리 타법으로 키보드를 두들겼다.

"어… 요즘 일할 때마다 항상 회의감이 들어요. 내가 뭘 할 수 있는 건지 싶고, 속도 답답하고….."

"잠은 몇 시에 자요?"

"새벽 1시나 2시쯤에요." 취조 같은 질문이 이어졌다.

"일 시작한 지는 얼마나 됐죠?"

"1년 반 됐죠. 대충." 점점 진료가 아니라 나를 심문하는 건가 싶은 생각이 들었다.

"일 그만둘 생각은 안 했어요?"

"그만둘 수가 없죠. 먹고살아야 하는데."

늙은이는 키보드를 더욱 현란하게 두들겨댔다. 뭘 그리 나에 대해 열심히 쓰고 있는 것일까. 아니, 나에 대한 것이긴 한 건가? 기본적인 진료 기록을 적는 것이 의사가 할 일이라고는 하지만, 이 의사는 나에 대해 관심이 없어 보였다. 그저 형식적으로 키보드를 두들기고, 정해진 매뉴얼에 따라 움직일 뿐이었다. 적어도 내 우울함의 근원이 무엇이고, 어떤 것 때문에 힘든 것인지를 물어봐 주기를 원했다. 아마 나는 치료가 아니라, 내 이야기를 들어줄 어떤 사람이 필요했는지도 모른다.

"뭐, 오늘은 약 처방이나 치료는 없고, 심리검사를 해 봐야 알겠네요.

다음 주에 오시고요, 검사 받으시겠어요?"

일찍 퇴근하고 싶어서 안달 난 듯한 말투였다. 누구든 야근하고 싶지는 않겠지만, 애써 나를 빨리 내보내고 싶어 하는 것 같았다. 속이 뒤집혔다. 개 같은 새끼….

"예, 뭐 받아야 되면 받아야죠."

"네, 끝났고요. 저 문으로 나가세요."

내가 나가는 문도 모르는 덜떨어진 새끼로 보이나. 늙은 의사는 잠시도 모니터에서 눈을 떼지 않고, 쉴 새 없이 쏘아붙였다.

짜증 나는 마음을 억지로 뒤로한 채, 카운터에서 카드를 내밀었다.

"계산이요."

"잠시만요. 47만 원입니다."

뭔 개소리야, 시발.

"뭘 했는데 47만 원이 나와요? 아무것도 안 하고 5분 만에 나왔는데 47만 원이요?"

"어, 잠시만요. 심리검사 예약하지 않으셨어요? 진료실에서 검사 같은 것도 받으시고?"

"아무것도 안 하고 컴퓨터 자판만 두들기시던데, 뭘 해요 하기는. 심리검사는 하래서 한다 했는데요? 아까 설문지 비스무리 한 거 주시더만, 그거 말고 또 다른 게 있어요?"

"아, 죄송해요. 뭔가 착오가 있었나 봐요. 잠시만요…. 아, 계산해드릴게요. 2만 8천 원입니다."

대충 카드를 밀어 넣었다. 아까 초진이라 하니까 심리검사랍시고 종이 쪼가리 하나 던져주더니만, 3만 원을 이렇게 뜯어가나 보다. 아니, 돈을 얼마 냈는지는 사실 중요하지 않았다. 내 마음 깊은 곳에 응어리져 있는 이 우울함에 대해 제대로 진단도 못 하는 새끼한테 내 피 같은 돈을 줘야 한다는 게 화가 날 뿐이었다. 한시라도 이 역겨운 병원을 뜨고 싶었다.

"영수증 드릴까요?"

"됐습니다."

하늘은 어두컴컴했다. 뭘 얻겠다고 여기까지 왔을까. 이럴 시간에 집에 가서 술이나 마실걸. 주머니에서 담배 한 개비를 꺼내 불을 붙였다.

에라이, 염병할.

혼자 자기 무서운 밤
칠흑 같은 어둠 속에서

혼자 산 지도 7년이 넘었다. 지금이야 혼자 산다는 게 당연하지만, 처음 자취를 시작할 때는 모든 게 어색했다. 19년을 집에서 덮고 자던 익숙한 노란색 이불 대신에, 홈플러스에서 사 온 하늘색 이불을 덮는 것부터 눈에 익지 않았다. 낯선 이불 냄새와 낯선 침대. 집에서 보일러로 뜨끈하게 덥힌 맨바닥에 이불 한 장 깔고 잤던 나로서는, 침대에서 자는 게 다른 나라에 이민 온 것 같은 이질감마저 느껴졌다. 낯선 것은 비단 이부자리뿐만이 아니었다. 가위 하나, 옷걸이 하나조차도 이제는 그 존재가 당연하지 않았다. 집에서는 심심하면 한 번씩 불쑥불쑥 튀어나오던 가위가 고시원에서는 천 원이라는 돈과 다이소까지 오가는 데 걸리는 왕복 10분이라는 시간과 맞바꿔야 하는, 꽤나 가치 있는 물건이 되었다.

어느덧 혼자 산 시간이 1년, 2년이 지나고, 좁아터진 고시원에서 벗어나, 보증금 200만 원에 월세 28만 원짜리 원룸에 자리 잡았다. 자취방 안은 내가 아르바이트로 번 돈으로 산 옷들과 물건들로 하나둘 채워졌다. 더 이상 어머니가 따뜻하게 차려주시던 밥과 찌개는 먹을 수 없었다. 밖에서 사 먹거나, 마트에서 장을 봐서 요리를 할 때도 있었지만, 얇은 지갑 사정에 그마저도 여의치 않을 때가 많았다. 아르바이트 월급을 받는 날, 가끔씩 양념갈비 한 팩에 이런저런 야채를 사서 혼자 자축하면서 먹는 것을 제외하면 쉽사리 마트 문을 열기 힘들었다. 마트에서 별것 사지도 않았는데 3만 원, 4만 원이 훌쩍 넘을 때면, 다음 달에 돈 들어오기 전까지 이걸로 버텨야 하나? 싶은 생각에 괴로웠던 것을 생각하면 장 보는 것도 큰마음을 먹고 해야 하는 일이었다. 그래서 제대로 된 밥을 먹기보다는 마트에서 행사 상품으로 파는 4+1 라면에 김치 한 봉지를 사는 것을 택했다. 사실 이렇다 할 방법이 없었다. 적은 돈으로 많은 끼니를 해결할 수 있는 것은 라면이 거의 유일했다. 한 봉지에 3~4천 원짜리 라면 2개 정도면 적어도 2주 동안은 배를 곯지는 않아도 됐다.

누군가는 만날 그렇게 라면만 먹는 게 지겹지 않으냐고 물어보기도 했다. 하지만 라면이 아니면 딱히 먹을 것도 없다고, 라면만 먹는 게 불쌍하면 밥이나 사달라고 대꾸하는 수밖에 없었다. 퇴근하고 나서 먹는 저녁이나 혹은 주말에 먹는 점심, 저녁 메뉴가 오로지 라면 하나뿐인 사람은 많지 않을 것이다. 정상적인 사람이라면 얼마 못 가서 라면만 보면 헛구역질이 나오고, 거부 반응을 일으킬 테지만, 나에게는 선택의 여지가 없었다. 선택의 여지가 없는 사람에게 라면의 맛을 느끼고, 반복되는 식사에 질릴 여유 따위는 존재하지 않았다. 정 라면 먹는 게 물릴 때면,

편의점에서 사 온 과자 한 봉지를 식사로 대체하는 것, 그 정도가 허락된 유일한 일탈이었다. 가끔은 '먹고사는 게 이렇게 힘든 일이었나' 싶은 생각이 들 때가 있었다. 단순히 하루 세끼를 챙겨 먹는 단순한 행동 하나에 뭔가 필요 이상의 에너지를 소비하는 것만 같았다. 아무 생각 없이 끼니를 해결하고, 적당히 배부르게 먹으면 되는 것을 일주일, 이 주일 후의 통장 잔고와 라면 하나를 먹었을 때의 경제적 효용성에 대해서 고민해야 하는 상황이 지겨워졌다. 하나에 약 720원짜리 라면 한 봉지를 3년은 족히 쓴 낡은 양은냄비에 끓여 먹는 것은 더 이상 식사가 아닌 생존을 위한 발버둥이자, 살기 위한 최소한의 몸부림일 뿐이었다.

겨우 한 끼를 해결하고 나면, 먹고 나서 생긴 냄비와 젓가락을 설거지해야 했지만, 이 역시 귀찮아진 지 오래였다. 워낙에 설거지 같은 것은 하기 싫어했다. 어렸을 때부터 엄마가 가끔 시키는 집안일을 할 때도, 설거지만큼은 하기 싫어서 몸을 비틀고, 괜한 투정을 부렸는데, 하물며 내가 먹은 그릇이라고 치우고 싶었겠는가. 설거지를 시작하는 기준은 어디까지나 내가 먹을 밥그릇이 없거나, 라면 끓일 냄비가 없을 때지만, 그마저도 당장 먹는 데 써야 할 것들만 대충 설거지할 뿐이었다. 그렇게 몇 날 며칠을 방치해두다 보면 날벌레가 꼬이거나, 싱크대에서 역한 냄새가 스멀스멀 올라오곤 했다. 현관문을 열 때면 코를 찌르는 역한 냄새가 도저히 견디기 힘들 때, 그제서야 뭉그적뭉그적 수세미를 집어 들었다. 그릇에는 조그마한 날벌레들이 몇 마리씩 죽어 있었다. 먹을 것도 없는 부엌 싱크대 주위에서 앵앵 소리를 내면서 날아다니던 놈들이 이놈들이었나 보다. 그릇에 받아 놓은 얕은 물에 빠져 죽은 꼴을 보아하니, 굶어 죽은 것 같았다. 나 먹을 것 하나도 없는데, 이런 작은 벌레라고 한들 뭐 먹을 게 있었겠는가. 고작 해 봐야 라면 한 그릇 먹고 버린 국물 찌꺼기 정도가 전부였을 텐데, 수십 마리의 날벌레들이 나눠 먹기에는 턱없이 모자랐으리라. 쓴웃음이 나왔다.

부엌의 날벌레들마저 굶어 죽고 있는 나였지만, 이런 생활이 썩 나쁘지만은 않았다. 월세도, 생활비도 내가 벌어야 했고, 누군가 옆에서 도움을 주는 사람도 없었지만, 단지 20대 중반에 경제적으로 독립했다는 것에 만족했다. 더 이상 부모님에게 손 벌리지도 않아도, 밥 먹을 돈이 없어서 어머니한테 "엄마, 돈 조금만 보내주실 수 있어요?"라고 조심스레 묻지 않아도 됐다. 그저 어머니가 그동안 혼자 짊어지셨을 짐의 일부를 내가 대신 들어드릴 수 있게 된 것 같아 다행이었다. 물론 돈 한 푼, 두 푼에 눈치 보지 않아도, 부모님에게 용돈 받으면서 사는 다른 친구들이 부러울 때도 있다. 큰돈이 들어가야 하는 일이 생기거나, 당장 돈이 급한데 돈 빌릴 곳이 없을 때 부모님에게 돈을 빌리는 모습들을 보면 괜히 부럽기도 했다. 가끔은 용돈 받는 친구들을 보면서, '아직도 부모님이 용돈을 주실 여유가 되시는구나.' 싶은 생각이 들기도 했지만, 아무래도 상관없었다.

혼자 산 지 오래되다 보니, 이제는 내가 사는 독립된 공간 안에 누군가가 있다는 것이 더 어색할 때가 많다. 가끔씩 군대에서 휴가 나온 친구들이 "형, 오늘 형 집에서 자고 감."이라고 카톡 메시지 하나 던져 놓고, 우리 집에 들어올 때가 있었다. 퇴근하고서 피곤에 찌든 손가락으로 현관문을 열면, 웬 빡빡이 남정네가 내 침대 위에 널브러져 있는 모습이 이질적으로 느껴졌다. 오랜만에 만난 친한 동생이 반갑다는 감정보다 '우리 집에 사람이 있을 리가 없는데?' 싶은 당황스러움이 먼저였다. 텅 빈 침대에 벌러덩 드러누워야 할 것 같은데, 그 침대를 누군가가 먼저 차지하고 있을 때 몰려오는 피로함은 뭐라 말로 표현하기 힘들다.

아무리 혼자 먹고사는 데 익숙해졌다지만, 밤이면 밤마다 혼자 잠드는 것은 조금 외로웠다. 밤늦게까지 핸드폰을 쥐고서, 침대 위에서 뒹굴뒹굴하다가도, 막상 잠들려 할 때 밀려오는 공허함과 적막함은 몇 년이 지나도 익숙해지지 않았다. 그런 숨 막히는 분위기 속에서 잠을 청해도, 밀려오는 잡다한 생각과 번뇌는 하루 종일 악몽에 시달리게 했다. 밑도 끝도 없이 "내가 내일모레 죽으면 어떡하지? 나이 먹고서 병들면 어떡하지? 졸업하고서 취업할 수 있을까?"하며 끊임없이 나 자신을 괴롭혔다. 혹은 이미 한참도 지난 과거의 일을 후회하고, 나 자신을 원망하기도 했다. 그렇게 한 시간, 두 시간을 정신적으로 고문당하다가, 억지로 잠이 들 때면, 꿈속에서 똑같은 장소를 하염없이 맴돈다거나, 뭔지 모를 대상을 피해 미친 듯이 도망 다니며 괴로운 새벽을 보내야 했다.

불면증약을 먹어야 할까? 여기서 약에 손을 댄다면, 아마 평생 약 없이는 잠들 수 없을지도 모른다는 생각이 들었다. 최대한 편하게 잠들 수 있는 방법을 찾았다. 자기 전에 샤워도 해 보고, 핫초코 한 잔을 먹어 보기도 했다. 눕는 순간은 세상 편안해지고, 푹 잘 수 있겠다 싶었지만, 그 안정적인 촉감은 채 10분을 유지하지 못했다. 유튜브에서 핫하다는 ASMR이라도 들어볼까 싶어 호기심에 한두 번 들어봤지만, 묘하게 귀를 긁어대는 자극적인 소리는 오히려 잠을 더 설치게 했다. 찰흙 만지는 소리, 속삭이는 소리, 뭔가를 살살 긁어내는 소리 같이 인위적으로 만드는 소음은 되려 신경과민을 유발했다.

술이라도 진탕 먹어볼까? 퇴근하고서 스트레스가 극에 달해 있을 때쯤, 집 근처 편의점에서 사 온 소주와 안줏거리를 두고 2시간, 3시간 혼자 술을 들이켰다. 그렇게 한 병, 두 병 비우고서 술에 취해 잠이 드는 날이 늘어날수록 몸은 망가졌다. 맨정신에 출근하는 날이 손에 꼽을 정도였고, 일하다가도 화장실에 뛰어가 속을 게워내는 게 일상이 되었다. 아침마다 편의점에서 숙취 해소제를 먹으면서 출근해야 했고, 출근길 지하철에서 깨질 듯한 머리를 움켜쥐고, 엎드려 있는 나날들이 반복됐다. 그렇다고 딱히 술 먹는 것을 멈추고 싶지 않았다. 불면증을 해소할 수 있는 유일한 방법이자, 지독히 긴 새벽을 고통 없이 버틸 수 있는 방법은 진탕 술을 먹는 것밖에 없다는 것을 알고 있었기 때문이었다. 그렇게 알코올에 찌들어 살기를 몇 달, 주변에서는 "너 알코올 중독 아니냐?"고 걱정하기 시작했다. 그때마다 '버틸 만하다'고 대답했지만, 몸은 거짓말을 하지 않는다고 하던가. 어느 날 아침에 미칠 듯이 쑤시는 위장과 가슴뼈를 움켜쥐고 간 병원에서는 '역류성 식도염'이라는 진단과 함께 일주일 치 약을 끊어줬다. 약국에서 나와 집으로 가는 버스에서 아무 생각도 할 수 없었다. 뭔가 단단히 잘못됐다는 생각밖에 들지 않았다. 역류성 식도염에서 끝난 것을 다행으로 여겨야 했다. 물론 직장인들 사이에서 스트레스로 인해 흔하게 발생하는 질병이라고 하지만, 내 역류성 식도염은 그 원인이 너무나도 명확했다.

 결국, 자연스레 잠드는 것은 포기했다. 물리적으로도, 정신적으로도 잠들지 못하는 나는 뭘 할 수 있을까. 혼자 잠드는 이 밤이 나는 여전히 무섭다.

가난의 상대성 이론
모든 사람들은 자기가 가장 가난한 줄 안다

우리 집은 가난하다. 생활비를 마련하는 것은 둘째치고, 달마다 월세를 내는 것도 어렵다. 날마다 먹어야 하는 끼니조차도 7,000원, 8,000원 하는 밥 한 끼 먹는 것도 엄청난 지출이고, 만 원이 훌쩍 넘어가는 메뉴는 먹을 엄두도 내지 못한다. 비단 먹고사는 것에만 가난한 것이 아니다. 어쩌다 이빨이 아파서 치과라도 한 번 갈라치면, 한 번에 뭉텅 빠져나갈 치료비와 일주일에 한 번씩 진료받으면서 쓰게 될 돈에 밀려오는 고통을 애써 꾹 참고 버티려고 한다. 가난은 우리 가족이 살아야 할 구역을 명확히 정해줬고, 시간이 지나면 지날수록 그 구역마저도 슬그머니 허물어버리기 시작했다. 우리 가족은 몇 뼘 남지도 않은 그 구역을 처절하게 사수해야 했다.

가끔 친구들이 그런 얘기를 할 때가 있다. 이번 학기에 등록금을 얼마를 냈다, 이번 방학에는 어떤 아르바이트를 해야겠다, 어떤 자격증을 따야겠다 같은 다소 현실적인 이야기들을 술 먹으면서 넋두리처럼 늘어놓곤 한다. 나는 딱히 할 말이 없다. 워낙 못 사는 탓에 학교에서는 이런 애가 등록금까지 내면 단박에 자퇴할까 봐 전액 장학금을 쥐여주었다.

아르바이트는 안 하면 굶어 죽을 팔자인지라, 학교 다닐 때는 주말마다 물류창고에서 물건들을 포장했고, 방학 때는 풀타임으로 물건들을 들고, 나르기에 바빴다.

얼마 전, 친구와 잠깐 술을 먹을 일이 있었다.
"야, 나 이번에 등록금 얼마 냈는지 아냐, 400 냈어, 400. 국가장학금이라고 70만 원인가 들어오더라."
"와, 집 존나 잘사나 보네. 70만 원 주면 7분위? 8분위? 아니냐?"
"야, 우리 집 존나 못살아, 진짜. 잘살기는 뭘 잘살아."
"집 있고, 차 있잖아. 그거면 있을 거 다 있는 거지, 새꺄."
"그거 있다고 70만 원만 받아야 되냐? 세금은 있는 대로 다 내고 있는데, 소득 좀 잡힌다고 이렇게까지 손해 보면서 학교 다녀야 돼?"
"뭐 어쩔 수 없지, 장학재단이 소득 잡는 게 개판인 거 하루 이틀도 아니고…."
마음에도 없는 말로 애써 친구를 위로했다. 차라리 등록금 400만 원을 낸다는 것에 스트레스를 받는 것이 4,000원짜리 도시락을 먹을지 말지 고민하면서, 통장에 남은 8,000원으로 월급날까지 버틸 수 있을지 계산기를 두들기는 것보다는 더 나을 것이라는 핀잔은 마음 깊은 곳에 넣어뒀다.

"난 그래도 아직까지 부모님들이 너네 등록금 내 주실 여유가 있다는 게 부럽다."

"여유가 있는 건 아닌데?"

"아니, 우리 집은 등록금이 문제가 아니라 먹고사는 게 더 급해서 하는 말이야. 월세 낼 돈도 없어서 허덕거리는 판인데."

"우리 집도 존나 힘들어, 진짜. 아버지 사업하시는 것도 예전 같지 않고, 버는 것도 확 줄었다니까."

친구가 던지는 말 하나하나가 썩 마음에 들지 않았다. 아니 심기를 거슬렀다.

"야, 너네 집 존나 잘살잖아, 미친 새꺄. 막말로 너네 아버지 밑에서 일하시는 분들 월급 안 밀리고, 아파트 몇십 평짜리에서 살고, 너 아르바이트 안 해도 부모님이 주시는 용돈만으로도 잘 먹고 잘사는데 뭘 힘들고 나발이야."

목이 탔다. 소주잔에 가득 담긴 소주를 물처럼 들이켰다.

하지만 친구는 뭔가 억울해 보이는 듯싶었다.

"아니, 네가 생각하는 것만큼 그렇게 잘사는 게 아니라니까? 전에 아버지가 사 놓은 건물이 있거든? 근데 그거 세금이랑 관리비랑 이런저런 비용 다 내고 나면 남는 게 없어. 거기에만 돈 들어가는 것도 아닌데."

"그럼 팔아. 미친 새꺄, 배부른 소리 존나게 하네."

"아니, 배부른 소리가 아니라니까…."

친구와 나의 대화는 한없이 지지부진했다. 내가 친구의 그런 상황을 이해하지 못하는 게 무리는 아니었다. 살아온 환경이 다르고, 현재 처한 상황이 사뭇 다를 뿐이니까. 사실 가난은 너무도 상대적이다. 자신의 통장에 꽂혀 있는 돈의 액수가 많든, 적든 그런 건 상관이 없다. 다만, 내가 하고 싶은 것을 하지 못하고, 돈의 굴레에 갇혀 있다는 이유만으로 '가난'이라는 단어를 손쉽게 붙일 수 있을 뿐이다. 중소기업 사장이라도 자신이 끌고 다니는 아우디를 벤츠로 업그레이드하지 못한다는 이유만으로 '요새 먹고살기가 힘들다.'라고 말하지 않던가.

가게 문을 열고 나와, 담배 한 대를 꼬나물었다. 화가 난다기보다는 가슴 한구석이 시뻘겋게 달아올랐다. 날이면 날마다 냉·난방도 안 되는 물류창고에서 하루에 몇 시간씩 발목이 시큰거리게 일하면서 7만 원 조금 안 되는 돈을 받았다. 남들은 부모님한테 용돈 받아야 할 어린 나이에 왜 이렇게 삶의 한가운데에 내던져야 하는지 항상 괴로웠다. 그런 먹고 사는 괴로움을 껴안고 사는 게 당연하던 나에게, 마음 한편에 숨겨 놓았던 '가난'이라는 무거운 단어를 술 한 잔 마시는 찰나에 다시금 되새겨야 했다.

나는 4,000원짜리 편의점 도시락을 먹다가도, 4만 원짜리 한정식을 먹고, 40만 원짜리 옷을 걸치고 다니는 부잣집 도련님들을 부러워했다. 부러움의 깊이는 그리 깊지 않았다. 단지 우리 집 월세보다, 내 한 달

생활비보다도 비싼 것들을 마음껏 살 수 있다는 것이 부러울 뿐이었다. 하지만 나 역시 누군가에게는 부러움의 대상일지도 모른다. 단칸방에서 라면 하나로 근근이 먹고 살아야 하는, 나보다 더 힘든 사람들이 있을 테지만, 나 역시 일말의 망설임도 없이 스스로를 '가난하다'라고 규정했다. 가난하다고 누군가가 나를 인정해주는 것도 아니고, 불쌍하다고 몇 백만 원씩 쥐여주는 것도 아니다. 그럼에도 불구하고, 나는 이 엿 같은 상황을 당장 해결할 방법이 없다는 것을 너무 잘 알고 있다. 나보다 힘든 사람들이 더 많다고 자기 위안해 봐야, 텅 빈 선반에 유통기한이 2년 지난 라면밖에 없는 현실이 바뀌는 것도 아니었다.

나는 너무도 이기적인 인간이다.

"염병할…."
시뻘겋게 달아오른 담배꽁초를 신발 끝으로 비벼 껐다.

나는 신이 싫다
하느님인지 나발인지 하는 놈

어렸을 때부터 나는 '신'이라는 존재를 부정했다. 심히 중2병 같은 발상일지는 모르겠지만, 도대체 신을 왜 믿는 건지 이해하지 못했다. 초등학교 2학년 때였다. 학교 수업이 끝나고, 칠렐레 팔렐레 학교 교문을 나서면 어김없이 교회에서 전도 나온 사람들이 아무것도 모르는 초등학생들을 붙잡고 일장연설을 해댔다. '하느님 믿으면 천국 간다.', '신이 우리를 창조했다.'면서 집에 가고 싶은 학생들 귓구멍에 끊임없이 그들의 교리를 주입했다. 솔직히 초등학생들이 뭘 알겠냐마는 그들은 지조 있게 신념을 전파했다. 그러면서 항상 말의 끝에는 은근슬쩍 '우리 교회 한번 나와 봐요.'를 덧붙였다. 귀 얇은 초등학생들을 꼬시려고 '이번 주 토요일에 떡볶이 파티 하니까 꼭 나와요~'라면서 종이에 이름과 나이와 집 전화번호를 적어갔다. 그때 당시에는 핸드폰도 없던 시절이라, 당연스레 집 전화번호를 적어줬고, 토요일 아침이면 어김없이 우리 집 전화벨이 울려댔다.

어린 마음에 딱 한 번, 교회에 나간 적이 있었다. 만날 학교 앞에서 그렇게 홍보하기도 했고, 공짜 떡볶이 한번 먹어보자고 난생처음 교회에

갔다. 떡볶이는 개뿔, 예배가 끝나야 준다면서 멋모르고 교회에 온 초등학생들을 몇 시간 동안 예배당에 가둬 놓았다. 강단 앞에 서 있는 목사는 주야장천 '하느님이 어쩌고저쩌고~'를 늘어놓으면서 말끝마다 '아멘-'을 종용했다. 주변 사람들은 뭐에 홀린 것처럼 울면서 '아멘-'이라고 중얼거렸고, 목사는 마치 한 종교의 교주처럼 뭐에 홀린 것처럼 중얼중얼 읊조렸다. 밑도 끝도 없이 몰아닥치는 설교의 파도가 끝나고서, 멍해진 정신으로 예배당을 나와 받은 것은 다 식어 빠져서 흐느적거리는 떡볶이 한 컵이었다. 떡볶이 파티의 '파티'는 어디 가고 학교 앞 분식집에서나 줄 법한 500원짜리 컵떡볶이를 주는 걸까. 저기 예배당 안에서 아무것도 못 하고 몇 시간을 갇혀 있던 보상으로는 너무도 형편없는 떡볶이였다. 나는 그날부터 하느님인지 뭔지 하는 놈이 싫어졌다.

나이를 먹고, 성인이 되어서도 하느님을 믿으라는 권유는 끊이지를 않았다. 지하철역을 지나가다가도, '설문조사 좀 해주세요~'라면서 내 팔목을 끌고 가 스티커를 쥐여주고선, '성경을 읽으면 천국에 간다.'라는 누가 봐도 의도가 뻔히 보이는 질문에 '네', '아니오'를 강요했다. 옆에서는 '성경이 어쩌고저쩌고~', '천국이 어쩌고저쩌고~' 하면서 갈 길 바쁜 내 발목을 움켜쥐고 놓아주지 않았다. 한 번은 "아, 저는 불교 신자라서 하느님을 안 믿습니다."라고 말한 적도 있었다. 굳이 입씨름하기도 싫고, 듣기도 싫은 천국 타령을 10분 동안 들을 자신도 없었기 때문이다. 나름 현명한 대답을 했다고 생각했지만, 전도 나온 독실한 기독교 신자님들은 타 종교에 대한 존중은 어디에 팔아먹었는지, 굴하지 않고 천국행 티켓을 홍보했다.

"아이, 하느님 한 번 믿어보세요. 자, 우리는 살면서 죄를 치릅니다. 이 죄를 용서받고 구원받기 위해 하느님을 믿는 거예요. 하느님을 믿으면 천국을 가는 것이고, 믿지 않으면 지옥에 가는 겁니다. 자, 요 그림 보세요…."

애당초 이 사람들은 자신들의 종교를 지하철에서 파는 잡상인들처럼 팔아먹고 있는 것인지도 모른다. 그들에게 종교는 어쩌면 1,000원짜리 장난감만도 못하는 것일지도 모른다.

비단, 이런 사람들 때문에 내가 신을 믿지 않은 것은 아니다. 누구나 한 번쯤 '제발 이번 시험 잘 보게 해 주세요', '어디에 취직할 수 있게 해 주세요'라면서 무엇인가를 간절히 바랄 때가 있지 않던가. 나 역시 그랬다. 이번 수능 시험 잘 보게 해 주세요, 원하는 대학 붙게 해 주세요 라면서 끊임없이 자기 암시를 걸고, 그때만큼은 정말 간절히 보이지 않는 무엇인가에게 빌었다. 하지만 정말 냉정하게도 그런 소원은 기각당했다. 그럴 때마다 '신은 그런 사소한 소원을 들어주는 대상이 아니다. 네가 그렇게 실패한 것 또한 신의 뜻이고, 의지이다.'라면서 간절히 기도한 사람을 바보로 만들었다.

하지만 이해했다. 나는 본래 기독교 신자도 아니고, 남들이 교회에서 투자한 시간에 비하면 뭔가를 요구하는 것 자체가 실례라고 생각했다. 하지만 내가 남들보다 열심히 노력해서 무언가를 얻어내도 그 또한 신의 뜻이라는 것에 화가 났다. 네가 열심히 노력한 만큼 그 간절함이 닿은 것이라며 내 노력을 폄하했다. 이뤄달라 할 때는 본체만체했으면서, 이제 와서는 "나는 전지전능하다."라고 말하는 게 어처구니가 없을 뿐이었다.

하지만, 그런 나와 달리 어머니는 독실한 기독교 신자이시다. 매주 일요일이면 교회에 나가서 예배를 드리고, 성경책을 품에 안고 다니신다.

"엄마, 거기 교회 간다고 뭐가 바뀌기는 해요?"
"뭐 바뀐다고 가겠니, 그냥 가는 거지."
"아니, 뭐 교회 다니면서 내가 행복해졌다든지, 삶이 윤택해졌다든지, 최소한 내가 먹고살 만해져야 다니는 거 아니에요? 백날 천 날 나가봐야 돈 없어서 먹고살기도 바쁜데 하느님인지 뭔지한테 기도는 왜 하는 건데요?"
"야! 다 내가 뜻이 있고, 이유가 있는 거야!"
"뭔 하느님이라는 새끼가 대책이 없어. 고작 해봐야 뒈져서 천국 간다고 약이나 존나게 팔아제끼기나 하고. 지금 행복하자고 열심히 살고, 아침에 알람 소리 듣고 일어나서 일 나가지, 뒈져서 행복해서 뭐 해?"
"말을 왜 또 그렇게 하니?"

"틀린 말도 아니잖아요? 믿으면 다 행복해지고, 좋아지는 거 아니었어요? 그렇게 열심히 신앙심으로 모시고 있는데 우리 꼴은 이게 뭐냐고. 돈 있는 새끼들은 있는 대로 다 해먹고, 우리같이 가난한 새끼들은 평생 이렇게 사는데, 하느님한테 백날 가서 기도 박아봐야 뭐 하냐니까? 대체 신이라는 새끼가 해주는 게 뭔데? 내가 열심히 살았으니까 이렇게 사는 거지. 손 놓고 하느님한테 기도한다고 뭐가 바뀌긴 해요?"

어머니에 대한 불만이라기보다는, 신에 대한 원망을 속사포처럼 뱉어냈다. 단 한 번도 신은 우리 편이었던 적이 없다. 집이 망할 때도, 어머니가 사는 게 힘들다고 울면서 얘기할 때도, 나는 마음 깊은 곳에 처박힌 신을 붙잡고 '제발 잘살게 해 달라.'라고 빌었다. 이렇게 열심히, 성실히 살아온 우리를 봐서라도 지금보다는 잘살게 해 달라고 아니 그냥 남들처럼 평범하게만 살게 해달라고 수없이 빌었다. 하지만 신인지 뭔지 하는 새끼는 산타마리아의 미소를 지으며 그 소원을 기각했다.

나는 신이 싫다.

엄마, 추하게만 늙지 말자
술 한잔하면서

"먹쇠야, 너는 엄마가 허리 꼬부라지고 그러면 어떨 것 같아?"

먹쇠는 내 어린 시절 아명(兒名)이다. 어머니는 단둘이 있을 때면 이름보다 아명으로 부르실 때가 더 많았다.

"허리 꼬부라지는 게 뭐 어때서요?"

"아니, 그냥. 요새 길 가다 보면 폐지 주우시는 할머니들 보면, 나도 저렇게 될까 봐 무섭더라고."

"뭐, 허리 좀 구부러질 수도 있지. 사실 그런 것보다도 폐지 주우시면서 돌아다니는 게 더 무서운 거 아니에요?"

우리 가족이 사는 동네에는 길거리에서 폐지나 공병 같은 것을 줍는 할머니, 할아버지들이 많이 계신다. 집 앞에 사람들이 내놓은 재활용 쓰레기 중에서 쓸 만한 것을 골라 고물상에 헐값에 팔아서 한 끼를 겨우 해결하시는 분들을 이 동네에서 10년도 넘게 봤었다. 반지하나 단칸방에서 사시는 할머니, 할아버지들은 사람들이 쓰다 버린 유모차나, 어디서 구했는지 모를 리어카를 끌고 하루 종일 온 동네를 돌아다니면서, 리어카 위에 한 무더기씩 쌓아 올리셨다. 고물상에 팔아도 천 원이나 나올까 말까 하는 재활용 쓰레기들을 위해 밤낮없이 돌아다니시는 그런 분들을 보면서, 자식들은 다 어디 갔길래 이 날씨에 폐지를 줍게 만든 건가 싶은 착잡한 생각이 들었다.

전에 일하던 회사 근처에도 그런 폐지를 줍는 할머니가 계셨다. 날이 면 날마다, 퇴근할 시간 즈음이면, 유모차 같은 것을 끌고서는 회사 앞에서 쌓아 놓은 쓰레기 더미에 주저앉아, 장갑도 끼지 않으시고 빈 박스들을 유모차에 담고 계셨다. 화물용 엘리베이터에 한가득 실어서 내린 빈 박스들을 할머니는 몇 시간이고 칼로 잘라내서 유모차 위에 쌓아 올리고 계셨다. 하루는 비가 억수같이 쏟아진 다음 날이었다. 간밤에 내린 소나기 때문에 쓰레기장에 내놓은 박스들과 쓰레기들이 비에 젖고, 사람들이 오며 가며 짓밟아 흐물흐물해진 쪼가리들이 바닥에 잔뜩 널브러져 있었다. 그 누구도 치울 생각은 하지 않았다. 폐지 줍는 할머니가 어련히 할 것이라는 그런 생각으로 짓이겨진 쓰레기들은 정오가 지나도록 제자리를 찾지 못하고 있었다. 오후 4시쯤 됐을까. 그날도 할머니는 어김없이 유모차를 끌고 오셨다.

"학생." 별 생각 없이 화장실에 가던 나를 할머니는 다급한 목소리로 멈춰 세웠다.
"네?" 여지껏 오며 가며 몇 번 마주쳤지만, 한 번도 말을 걸지 않았던 할머니였기에, 별안간 무슨 일인가 싶었다.

"학생, 할 말이 있어."

"어떤 건데요?"

"비 올 때 이런 박스 같은 거 밖에 내놓지 말어. 이런 비에 젖은 박스 백날 가져가 봐야 돈 한 푼도 안 줘. 무게만 많이 나가고, 돈을 안 준다고. 이거 하나 보면서 먹고 살고 있는데." 할머니는 적잖이 화가 나신 듯했다.

"저희도 안 그러려고 했는데, 퇴근할 때 내놓고 나니까 비가 막 오더라구요. 다시 집어넣기는 그렇고 해서 어쩔 수가 없었어요."

"학생, 내가 또 억울한 게 하나 있어." '억울하다'라는 말에 잠깐 어안이 벙벙해졌다. 나 같은 일개 노동자한테 억울함을 호소해야 할 정도로 큰일인가.

"내가 아까 아침에도 여길 잠깐 왔었거든. 근데 박스가 죄다 젖어 있어서 다시 집에 가려고 하는데, 여기서 일하는 어떤 여자가 나한테 그러데. 저기 있는 깡통 좀 가져가라고." 깡통이라 하면 엘리베이터 옆에 2주 넘게 방치되어 있던 빈 페인트통이리라.

"저 페인트통이요? 저거 저희가 나중에 분리수거할 때 버리는 건데요? 저걸 할머니보고 버리라고 했다고요?"

"나는 당연히 못 버린다고 했지. 내가 폐지 줍는 사람이지, 깡통 줍는 사람도 아니니까. 그런데 그 여자는 한사코 갖다 버리라는 겨. 그러면서 하는 말이 여기 와서 폐지나 주우면서 저것도 안 갖다 버리면 돈은 왜 받냐고 하는 거여."

부아가 치밀었다. 어쩌다 가끔 마주치는 할머니이지만, 그런 소리를 이 회사 사람한테 들었다는 것 자체가, 마치 친할머니가 밖에서 이런 치욕적인 소리를 들은 것처럼 화가 났다. 이런 코딱지만도 못한 회사에서, 단지 월급 좀 더 받는다고 그런 소리를 당당하게 할 수 있는 그 여자에 대한 경멸감이 치밀어올랐다.

"학생, 학생이 나중에 더 좋은 회사에 다니고, 지금보다 더 큰 사람이 돼도, 자기보다 더 작은 사람들 무시하고 그러면 안 돼. 알겠제?"

"네네. 알고 있죠." 마른 침을 삼켰다. "페인트통은 제가 내다 버릴게요. 건들지 마세요." 내가 할 수 있는 것은 그것뿐이었다.

어머니도 어느덧 환갑을 바라보는 나이가 되셨다. 힘들어진 집안과 월세 내기도 버거워진 상황에 어머니는 자꾸만 폐지를 주우시는 할머니들이 눈에 밟히셨나 보다. 어머니는 술이 한 잔, 두 잔 들어갈 때마다 그런 모습이 괜히 마음 아팠다고 하소연하셨다.

"할머니들, 그렇게 허리 꼬부라지고 그러는 게, 옛날에 애들 막 여덟, 아홉 명씩 낳아서 그렇게 된 거잖냐. 낳고 나면 또 막 밭 갈러 나가시고." 술기운이 조금 올라오신 것 같았다. "그렇게 쎄빠지게 낳아 놓고서도, 자식들이란 새끼들은 어디 가고, 할머니나 할아버지들은 그렇게 폐지 같은 거 주우러 나가는 거 보면 좀 무섭기도 해."

"엄마, 걱정 하덜 말어. 엄마는 내가 취업하면 밥걱정 안 하시게 잘할겨. 지금도 봐 봐요. 나 이번에 일한 거 월급 들어오니까 이렇게, 딱 술

한 상 거하게 차렸잖아요."

어머니는 너털웃음을 지으셨다.

"그래, 나 늙으면 너랑 먹순이랑 알아서 먹여 살리겠지."

"엄마, 나는 솔직히 엄마 허리가 꼬부라져도 괜찮아. 늙으면 그럴 수도 있는 거 아니겠어요? 근데 나는 엄마가 막 요새 막 지하철 타면 보이는 그런 사람들처럼만 안 됐으면 좋겠어."

"어떤 사람들?"

"지하철 타려고 문 앞에 서 있으면 할머니, 할아버지들 어디서 막 튀어나와서는 사람들 막 밀치면서, 사람들 내리지도 않았는데 기어들어가는 그런 사람들 있잖아. 공중예절 따위는 밥 말아 처먹고서, 목소리만 커가지고 지하철이나 버스에서 전세 낸 것처럼 고래고래 소리 지르면서 통화하고, 괜히 옆에 앉아있는 사람들한테 꼬장 부리는 거 보면 속이 다 뒤집어진다니까?"

어머니는 말없이 술 한 잔을 들이켰다.

"엄마, 난 그냥 엄마가 그런 추한 사람만 안 됐으면 좋겠어. 외면은 추할지언정, 인성까지 추해지면 안 되잖아. 난 그냥 엄마가 잘 늙으셨으면 좋겠어. 나도 그럴 거고."

"그래, 그렇게 안 돼야지."

"에이. 몰라 몰라. 우울하게 이런 얘기를 왜 해 갖고. 짠 해요, 짜안."

회 한 점에, 소주 한 잔. 어머니와 나는 그렇게 밤늦게까지 술잔을 기울였다.

나는 소통이라는 단어가 싫다
문득 그런 생각이 든다

　언제부턴가 TV에서는 아나운서들이, 인터넷에서는 신문사 기자들이 심심하면 한 번씩 '소통'이라는 단어를 언급하기 시작했다. 정확히는 기억나지는 않지만, 아마 박근혜 정부 말미에 귓구멍에 뭐 박은 것마냥 눈 감고 귀 막는 식의 속 터지는 국정 운영 때문에 유난히 '소통'이라는 키워드가 부각되었던 걸로 기억한다. 문재인 정부에 들어서는 '국민 청원' 시스템이 만들어지면서, 사회적으로 큰 논란이 되거나, 이슈가 되는 문제에 대해서 자유롭게 청원을 올리기도 하고, 청원에 참여한 사람이 20만 명이 넘어가면, 정부가 공식적으로 해당 청원에 대해 답변하는 환경이 조성됐을 정도로, 소통이라는 단어는 비단 개인과 개인의 상호작용뿐만 아니라, 보다 범국가적으로 그 의미가 확장되었다.

　뭐, 좋다. '소통.' 국어사전에는 '1. 막히지 아니하고 잘 통함. 2. 뜻이 서로 통하여 오해가 없음'이라고 명시되어 있다. 서로의 대화가 매끄럽게 잘 이어지고, 말하고자 하는 바가 정확히 잘 전달된다는 좋은 뜻이다. 근데 이상하게 요새는 이 '소통'이라는 단어가 밑도 끝도 없이 이곳저곳에서 남발되고 있다는 생각이 들 때가 정말 많다. 그냥 머릿속에서 스쳐 지나가는 것만 해도, 정치인들이나 연예인들이 SNS나 유튜브 같은 온라인 매체를 통해, 혹은 오프라인에서 사람들을 만날 때마다 붙는 단어가 '소통'이다. 하다못해 "오늘 여러분들과 소통해요~"라는 SNS의 시답잖은 글에 해시태그 몇 개 추가한 것만으로도 '사진이 예뻐요~ 소통해요~'라는 댓글이 달린다. 요새 뜨는 인터넷 개인방송만 봐도 그렇다. 방송 시작 후, 혹은 방송이 끝나기 전 시청자들의 채팅을 읽으면서 떠드는 시간마저도 '소통 방송'이라는 이름으로 진행된다.

뭔가 껄끄럽고, 불편하다. 소통이라는 단어를 저렇게 써도 되는 걸까 싶다. 그냥 사람 대 사람으로 이야기하는 것뿐인데 굳이 '소통'이라는 거창한 단어를 쓰는 게 이해가 되지 않는다. 서로가 서로의 말에 귀 기울여 듣고, 반응하는 게 얼마나 어렵다고, '소통'이라는 단어가 이렇게까지 특이한 취급을 받아야 하는 것인가 싶은 생각이 든다. 친구들이랑 술 한 잔하면서 이런저런 얘기하는 걸 가지고 '소통'한다고 말하지는 않지 않던가. '노가리 깠다'라든지 '수다 좀 떨었다'라고 말하지. 뭔가 알게 모르게 '소통'이라는 단어가 본질적인 의미에서 벗어나 버린 것이 아닌가 하는 생각이 든다. 생각해보면 일부 셀럽들이 대중들과 가까워지는 과정에서 그 의미가 변질되어 버린 것 같다. 개인 SNS를 통해서, 유튜브 등을 통해서 대중들과 가까워질 수 있는 방법이 많아진 시점에서, 소통이라는 단어는 마치 '범접할 수 없는 높은 사람들이 친히 일반인들과 이야기한다.'라는 건방진(?) 의미로 변질되어 버린 것 같다.

부서진 게임 CD와 아버지
나는 총 쏘는 게임이 싫었을 뿐이다

내가 초등학교 4학년 때였다. 전국적으로 컴퓨터가 보급되기 시작하고, 집마다 하나씩 구닥다리 컴퓨터 한 대씩은 두고 있던 시절이었다. 하지만 우리 집에는 1998년부터 집에서 굴러다니던, 테트리스가 최고 사양 게임인 누리끼리한 486 컴퓨터가 내 방 한구석을 차지하고 있었다. 아버지는 항상 입버릇처럼 컴퓨터가 사람을 망쳐 놓고 있다며, 컴퓨터를 악의 근원처럼 취급하셨다. 가끔씩 나도 컴퓨터 갖고 싶다고 조심스레 말을 꺼내면, 그깟 컴퓨터를 왜 사냐면서 역정을 내시던 아버지가 어느 날, 홈플러스에서 몇십만 원짜리 컴퓨터 한 대를 사 오셨다. 시중에서 판매되던 게임 CD 정도는 무난하게 돌릴 만한, 꽤나 높은 사양의 컴퓨터였다. 아버지는 컴퓨터와 같이 '톰 클랜시의 고스트 리콘', '메달 오브 아너 얼라이드 어썰트' 같은 FPS 게임도 몇 개 사 오셨다. 솔직히 나는 FPS 게임을 좋아하지 않았다. 총 쏘는 것에는 관심도 없었을 뿐더러, 어렸을 때부터 축구에 미쳐 살았기에 '피파'나 '위닝일레븐'을 더 좋아했고, 내심 아버지가 그런 게임을 사 오기를 기대했다.

하지만 아버지는 강경하셨다. "축구 같은 걸 왜 보냐? 사내새끼가 총도 쏘고 할 줄 알아야제! 잉?" 하시면서 나를 억지로 컴퓨터 책상 앞에 앉게 하셨다. 1인칭으로 보이는 화면에 시시각각으로 바뀌는 주변 환경들, 두두두 하면서 쏟아지는 총성과 그 긴장감은 나를 서서히 옥죄었다. 정신이 멍해질 때쯤, 속에서 부글부글 무엇인가가 끓어오르기 시작하면서, 10분도 채 지나지 않아 화장실로 달려가 모든 걸 게워내야 했다. 아버지는 그런 나를 보면서 "사내새끼답지 못하다."며 뺨을 후려갈기셨다. 나는 마냥 무서웠다. 내가 나약하고 머저리라 FPS 게임을 견디지 못하는 거라 생각했다. 그저 울면서 키보드와 마우스를 잡는 것밖에 할 수 없었다. 하루에도 몇 번을 화장실 변기를 붙잡고 헛구역질을 반복하면서, 서서히 FPS 게임에 익숙해지기 시작했다. 긴장감 넘치는 게임 속 미션을 수행하기 위해 몇 분 동안 심호흡하지 않아도, 자연스럽게 키보드와 마우스를 잡을 수 있었다. 몇 시간 동안 1인칭 화면만 쳐다보고 있어도, 예전처럼 빈속을 게워내지 않았다. 하지만 여전히 나는 FPS 게임을 썩 좋아하지 않았고, 어머니가 크리스마스 선물로 사 주셨던 '피파 2005'만 열심히 할 뿐이었다.

그러던 어느 날, 아버지는 내 앞에서 그 CD를 분질러버렸다.

"이딴 쓰레기 같은! 어? 축구우우? 지랄 염병을 해라! 사내새끼가 씨발 총도 쏘고 할 줄 알아야 되는 거 아니냐? 니 군대 안 갈 거야? 어? 새끼가 말이야. 아비가 말을 하는데 듣는 척도 안 하냐?"

울음도 나오지 않았다. 내가 뭘 잘못한 걸까. 그냥 축구가 좋았을 뿐인데 이런 취급을 받아야 하는 걸까. 그날 이후로 나는 고등학교를 졸업하기 전까지 집에서 '피파'나 '위닝'을 컴퓨터에 깔아 볼 시도조차 하지 못했다. 괜히 아버지 앞에서 축구 게임이라도 하면, 싸늘한 목소리와 함께 방바닥에 내동댕이쳐져, 그런 한심한 게임은 왜 하냐고 하실 것이기 때문에 나는 일찌감치 포기해버렸다. 그렇게 하는 것이 마음 편한 일이었다.

그로부터 10년 정도가 지나고 나서, 2016년에는 '오버워치'가, 2017년에는 '배틀그라운드'가 출시됐다. 사람들은 열광했고, 나는 열광하다 못해 피시방에 죽치고 앉아서 하루 종일 키보드를 두들겼다. 수업이 끝나고, 잠깐 시간이 비는 때면 누가 먼저랄 것도 없이 피시방에 달려갔고, 퇴근하고 지친 몸을 이끌고서라도 한두 시간씩 게임을 했던 것 같다. 실버에서 골드로 티어를 올리기 위해 발악했고, 1등을 하기 위해 유튜브에서 공략을 찾아볼 정도로 게임에 미쳐 있었다. 어렸을 때는 상상할 수 없었던 모습이었다. 총 쏘는 게임을 그 누구보다도 싫어했던 나였지만, 시간이 지나 나이를 먹다 보니 총 쏘는 게 재밌어졌나 보다. 가끔 친구들 중에 한두 명은 "어우, 난 멀미 나서 못 하겠다."며 빠지는 경우가 있었다. 그때마다 "아, 뭔 멀미야, 새꺄, 게임 하루 이틀 하냐."라고 놀려댔다. 하지만 '오버워치'나 '배틀그라운드' 같은 FPS 게임이 흥행한 최근에서야 꽤나 많은 사람들이 1인칭 시야로 종횡을 움직이는 화면에서 멀미 증상을 호소하는 '3D 멀미'를 앓는다는 것을 알았다. 10년 전에 내가 처음으로 모니터 속 총을 잡고 적군을 쏴 죽이던 그 순간, 내가 느꼈던 알 수 없는 어지러움과 메스꺼움의 원인이 '3D 멀미'였던 것이다.

나는 그때 왜 아버지에게 두들겨 맞았어야 했던 것인가. 사내새끼답지 못하다며 뺨을 맞았던 이유가 고작 '3D 멀미' 때문이었다니. 크리스마스 선물로 받았던 내 '피파 2005'는 왜 반 토막이 났어야 했을까. 나는 아직까지도 아버지를 이해하지 못하고 있다. 아니, 이해하고 싶지 않다.

게임은 하면 할수록 재미있을 줄 알았는데
나이를 먹을수록, 게임 하기가 힘들다

초등학생 때, 내가 컴퓨터를 쓸 수 있는 시간은 일주일에 두 시간뿐이었다. 매주 수요일, 토요일 6시부터 7시. 심지어 이 시간조차도 5학년 중간고사 때 올백 맞았다고 30분만 허용되었던 컴퓨터 이용 시간을 '파격적으로' 1시간으로 늘려주신 것이었다. 아무리 철없고, 뭣도 모르는 초등학생이었지만, 하루에 한 시간, 그것도 일주일에 꼴랑 이틀밖에 쓰지 못하는 것은 부당하다고 느꼈다. 다른 애들은 실컷 게임하고, 인터넷도 하는데 나는 이게 뭐냐고 개기고 싶었다. 하지만 불호령 같은 아버지의 호통과 손찌검에 감히 시정해달라고 말할 엄두조차 내지 못했다.

결국 모든 것을 수용했고, 주어진 그 짧은 시간을 처절하게 이용했다. 게임 한 판, 한 판에 목숨을 걸었고, 최대한의 행복을 추구하고 싶었다. 게임 로딩하는 시간은 왜 그리 길던지, 렉 때문에 버벅거리는 컴퓨터를 보면 울화통이 치밀어 올랐다. 그럴 때마다 아버지한테 "렉 먹어서 게임이 잘 안 되니까, 게임 하는 시간 좀만 늘려주세요."라고 애걸복걸했다. 하지만 얄짤없이 1시간이 끝나면 "꺼라."라는 호통과 함께 의자에서 밀려나야 했다. 가끔씩 내가 왜 이렇게까지 비굴해져야 하나 싶은 회의감이 들 때도 있었다. "아니, 시험도 잘 보고, 열심히 하는데 1시간밖에 못 하는 게 말이 돼요? 다른 애들은 나 정도 시험 보면 컴퓨터를 사 줘요!"라고 반항해봤지만, 폭풍 같은 욕설과 인신공격이 뒤따랐고, 그에 따른 징계로 '컴퓨터 무기한 이용 정지'라는 형벌이 가해졌다.

혹은, 시답잖은 이유로 아버지와 말다툼을 하거나, 집안 분위기가 싸해질 때면, 컴퓨터 사용은 암묵적으로 금지당했다. 한 번은 아버지가 "니는 이 상황에서 게임이 하고 싶냐?"며 나를 게임에 정신 나간 새끼 취급하셨고, 컴퓨터 선을 끊어버리셨다. 그렇게 고등학교 졸업 전까지 집에서는 내 의지로 게임을 할 수 없었다. 아주 가끔 아버지가 FPS 게임을 하시다가 "너 해라." 하고 마우스를 넘겨주시는 게 아니라면, 내가 하고 싶은 게임을 한다는 것은 상상도 할 수 없었다.

대학교에 들어가고서는 온전히 내 세상이었다. 20만 원 주고 산 구닥다리 노트북으로는 최신 게임은 돌리지도 못했지만, 아무래도 상관없었다. 구닥다리 노트북으로 옛날 게임이라도 원 없이 할 수 있다면, 그것만으로도 행복했다. 그렇게 일 년, 이 년이 지나고, 집에서 독립한 이후로는 그 누구도 나에게 게임에 관해서 뭐라 하지 않았다. 방학 기간이나 시험이 끝나면, 밤새 피시방에서 게임을 할 수도 있었고, 자취방에서 식음을 전폐하고 게임에만 몰두했다. 미친놈처럼 보일지도 모르겠지만, 학창 시절 수도 없이 컴퓨터 이용을 통제당했던 아픔과 쌓일 대로 쌓인 욕구불만이 그런 식으로 터져 나왔다고 보는 게 맞겠다. 그렇게 원 없이 하는 게임은 너무도 달콤했다. 이런 재미를 왜 이제야 깨달았을까.

그렇게 원 없이 게임을 즐긴 지 1년쯤 되었을 때, 어느 순간 게임과 멀어졌다. 정확히는 먹고 사는 게 바빠서, 게임 할 시간이 모자랐다. 평일에는 가끔씩 수업이 끝나고, 붕 뜨는 시간에 친구들과 한, 두 시간씩 피시방에 가는 것이 유일했다. 휴학하고서 공장에 출근하고서는, 더욱 게임과 멀어졌다. 아침 6시 반에 일어나서 저녁 9시가 되어서야 잔업이 끝나고 집에 들어오는 일이 반복됐다. 몸은 이미 망가질 대로 망가졌다. 노트북을 켜서 게임을 실행하고, 게임에 집중하는 것이 일종의 노동이 되었고, 귀찮아졌다. 대충 얼굴만 씻고서, 침대에 드러눕는 것이 게임을 하는 것보다도 먼저였다. 혹은 힘겹게 의자에 앉아 한두 판 하는 게 고작이었다. 어렸을 때는 부모님에게 "아, 딱 한 판만 할게요."라며 그렇게도 애걸복걸해댔지만, 이제는 누가 시키지 않아도, 스스로 한 판만 하고 끄는 새 나라의 어린이가 되었다.

하지만 가끔씩은 무거운 눈꺼풀을 쥐고, 퇴근하고서 옷도 채 갈아입지 않은 채로 친구들이 있는 피시방에 간다.

"야, 레디 박아. 레디."
"어디 갈 거냐?"

"강남 고? 밀베 고?"
"밀베 갔다가 총도 못 쏘고 뒤질라고? 강남 컨테이너 고고."
"오케이, 확인."
"야야, 내려내려."
"몇 시까지 할 거냐?"
"12시에는 가야지, 내일 출근이야."
"오케이, 1시간만 하고 집 가자."

다들 늙었나 보다.

문학 시간에 시를 배운 적이 없다
윤동주와 김소월, 그리고 조지훈

중학교 때 국어 시간, 고등학교 때 문학 시간에 수업을 들을 때면, 지겨울 정도로 시를 공부했다. 윤동주의 〈서시〉, 김소월의 〈진달래꽃〉을 눈에 딱지가 앉도록 읽고, 밑줄을 쳐댔다. 국어 선생님들은 항상 시를 '찢어서' 가르쳤다.

"1연 봐라. 1연 끝에 꺾쇠 표시해라. 1연에서 말하는 주제가 뭐냐. 그렇지. 1연 2행에 네모 표시. 핵심 시어다…."

국어 선생님들에게 시는 먹기 좋게 정돈되어 있는 고깃덩어리에 불과했다. 형식적으로 시구절들을 해석해주고 시의 주제를 읊는 것을 50분 동안 반복하다 보면, 잠깐 조는 틈에 시 2~3개를 구절별로, 주제별로 낱낱이 쪼개는 것은 일도 아니었다. 중요하다고 표시한 구절이 시험문제의 보기가 되어서 나오기도 했고, 서술형 답안에서 반드시 들어가야 하는 정답으로 바뀌기도 했다. 좋든 싫든, 우리는 학교 선생님들이 '해설'해 주는 시들을 잠자코 듣는 수밖에 없었다. 나중에는 이런 수업에 적응되다 못해, 이렇게 쪼개지 않는 선생님들을 '못 가르치는' 선생님이라고 생각했다. 뭐가 시험문제에 나오고, 어떤 부분이 중요한지 말해주지 않는데 그런 수업을 굳이 열심히 들을 필요가 없다고 생각했다.

고등학교에 들어가서, 이런 '시 쪼개기'는 극에 달했다. 수능 문제 한 문제를 더 맞히게 하기 위해서, 선생님들은 교과서는 제쳐두고서, 수능시험에 반영되는 EBS 연계 교재 속 시들을 하루에만 3, 4개씩 영혼 없이 쪼갰다. 수업을 듣는 학생들 중에 반 이상은 진작에 곯아떨어졌고, 선생님들은 눈만 뜨고, 입만 열면서 선 채로 졸고 있었다. 소설이니 수필이니 하는 것들은 수업에서 다루지 않았다. 그들 입장에서는 쓸데없이 길기만 한 줄글들은 제대로 손질되지 않아 다루기 힘들기만 한 것이었다. 많게는 교재의 3페이지를 가득 채우는 텍스트들을 시 쪼개듯이 낱낱이 쪼개서 가르칠 수 없기에, 국어 선생님들은 형식적으로 가르치는 시늉을 하면서, 지문의 처음부터 끝까지 아무 의미 없이 주욱 읽어주기만 했다. 등장인물이 누구고, 왜 이런 말을 했는지는 논외였다. 중학교 때부터 배웠던 '소설의 기승전결' 따위도 그 시간만큼은 무의미한 이론일 뿐이었다. 지문의 말미에서야 "1번 문제… 다음 보기를 읽고…" 하면서 문제를 풀어주기만 했다. 학생들도, 선생님들도 50분의 수업시간을 무의미하게 보냈다. 대학 갈 사람과 가지 않을 사람, 수능 공부를 하는 사람과 하지 않는 사람으로 철저히 이분화되어 있는 교실에서 교과목의 '문학' 시간은 그저 시간을 죽이기 위해 존재할 뿐이었다. 나는 그 시간이 끔찍하게 싫었다. 차라리 그 시간에 문제 한 문제를 더 풀고, 해설지를 읽으면서 스스로 공부하는 것이 내 인생에 더 도움 되는 일이라 생각했다.

하지만 나이를 먹고, 글을 써야겠다고 생각할 무렵, 처음 펜을 들어 쓴 글은 모순적이게도 짤막한 시였다. 그냥 쓰고 싶었다. 누가 시킨 것도, 감명 깊게 읽은 시가 있었던 것도 아니었지만, 자연스레 시 비슷한 것을 써재끼려고 애썼다. 인간의 본능 같은 것이었을까. 하지만 어렸을 때 교과서에서 봤던, 그리고 모의고사 시험지에서 봤던 그 시들의 묵직한 맛에는 한참 못 미쳤다. 이제야 글을 써 보겠다고 걸음마를 막 시작한 애송이가 그런 명문을 쓸 수 있을 리 만무했지만, 나는 무의식적으로 그런 시들을 따라 쓰려고 애썼다. 그 사람들이 썼던 시를 다시 읽어 보기도 하고, 어떤 소재로 시를 썼는지 찾아보면서 아이디어를 얻어보려고 애썼다. 하지만 몇 번이고 시 비슷한 것을 써도 발전은 없었다. 썼던 문장을 재활용하기 바빴고, 한 문장을 읽어도 깊은 맛이 나지 않았다. 괜한 자기비판은 아니었다. 용기 내서 쓴 글을 인터넷 커뮤니티에 올려도, 돌아오는 반응은 '식상하다', '뻔한 표현이다', '이런 거 쓸 거면 차라리 때려치워라'는 날카롭게 후벼 파는 피드백뿐이었다. 이런 식으로 백 날 천 날 써 봐야 달라질 것은 없었다. 몇 줄 안 되는 짧은 문장을 조리 있게 나열해도, 조지훈의 〈승무〉나 윤동주의 〈자화상〉처럼 읽어도, 읽어도 다시 읽고 싶은 그런 시를 쓸 수 없었다.

나는 시 쓰기를 포기했다. 적어도 내가 나이를 50개, 60개를 먹지 않는 이상, 시를 쓰는 것은 어불성설이라 생각했다. 시는 나같이 몇십 년 살지도 않은 애송이가 덥석 쓰기에는 너무 어려운 것이었다. 적어도 문장 한 줄로 사람의 마음을 흔들 수 있는 그런 능력은 나에게 없었다.

어니스트 헤밍웨이가 이런 글을 쓰지 않았던가.

"For sales: Baby shoes. Never worn."

단 6단어로 쓴 '소설'에 그는 모든 것을 담았다. 헤밍웨이가 '소설가'였기 때문에 '소설'이라 부르는 것일 뿐이지, '시'라고 보는 편이 맞겠다. 그는 그의 '시'에서 태어나지도 못한 아이를 잃은 부모의 고통과 괴로움을 단 한 줄에 담았다. 그는 더 이상 어떠한 말도 하지 않았다. 단 한 줄로 하여금 읽는 사람의 무한한 상상력을 자극했고, 마음 깊은 곳에 우러나오는 슬픔을 묘사했다. 부끄러웠다. 나는 아직 달랑 한 줄에 내 인생을, 그리고 다른 사람의 인생을 담을 정도로 성숙하지 않았다고 생각했다. 그런 미성숙한 글로 다른 사람의 마음을 쥐락펴락할 자신도 없었다. 하지만 학교 선생님은 수업 시간에 시 읽는 법을 알려주지 않았고, 더군다나 쓰는 법도 알려주지 않았다. 나는 더 이상 시를 쓴다고 말하는 게 부끄러워졌다.

돌아갈 수 없는 마지막 고향 위에서
할아버지를 보내드리며

할아버지와 할머니는 내가 이제 막 포대기에 싸여, 눈도 제대로 못 뜬 채로 엄마 품에 안겨 있을 때부터 나를 예뻐하셨다. 별다른 이유는 없었다. 누가 예뻐해 달라 한 것도 아니고, 내가 우리 가문의 귀하디 귀한 삼대독자도 아니었는데도 나를 유난히 아끼셨다. 반면에 사촌 형은 나보다 3년은 먼저 태어났지만, 할아버지의 눈에는 무엇인가가 영 탐탁지 않으셨던지, 혀를 끌끌 차시면서 "저놈이 뭐가 되려고…"라고 흘겨보실 뿐이었다. 그도 그럴 것이 가끔 할아버지께서 손주 놈 한 번 안아보시겠다고 들어 올릴라 하면, 오만상을 찌푸리면서 울어대기 바빴던 사촌 형인지라 자연스레 당신의 관심으로부터 멀어질 수밖에 없었다. 그렇게 나는 의도치 않게 할아버지와 할머니의 애정을 오롯이 받으며 자랐고, 꽤 오랜 시간을 전라남도 광주의 임곡이라는 작은 시골에서 자랐다.

"옥돌아, 아나, 이거 함 읽어 봐라."
"전국. 날씨. 대체로. 맑…음."
"어이구, 옥돌이 장허네, 벌써 이런 것도 읽을 줄 알어야?"
옥돌이는 옥돌처럼 귀하고 빛나는 사람이 되라면서 할아버지께서 지어주신 아명이다. 할아버지는 정말이지 틈날 때마다 '옥돌아, 옥돌아' 하시면서 신문기사나 책 같은 것을 읽히셨다. 정작 나는 무슨 뜻인지도 모른 채, 눈에 밟히는 대로 읽을 뿐이었다. 하기사 네다섯 살 먹은 꼬마가 뭘 알겠는가. 하지만 그렇게 어린 마음에도 할아버지께서 좋아하시는 그 모습이 마음 한편에서 찡한 뿌듯함을 몽골몽골 피어오르게 했다. 괜히 칭찬 한 번 더 들어보려고 열심히 읽었고, 할아버지의 책상 위에 올려진 어려워 보이는 신문 사설을 뒤적거리며 읽는 시늉을 하곤 했다. 나에겐 할아버지께서 기뻐하시는 그 모습이 마냥 좋기만 했다.

할아버지의 책장 한 편에 꽂혀 있던 낯설고 어려웠던 책들이, 어느덧 고등학생 필독서가 되었을 때쯤, 할아버지와 할머니는 친척 어른들이 살고 계신 서울로 올라오셨다. 어느덧 할아버지의 연세가 여든을 훌쩍 넘으시고, 내일모레 아흔을 앞두고 계신 상황에서 예전처럼 할머니께서 할아버지를 오롯이 돌봐드릴 수 없는 그런 상황이 닥쳐왔다. 그런 노부모를 외딴 시골에, 가뜩이나 멀기도 한 광주 촌구석에 모실 수 없다는 게 어른들의 의견이었다. 하지만 아버지는 끝까지 할아버지, 할머니가 서울로 올라오시는 것에 대해 볼멘소리를 내셨다. 집안 어른들에게 말씀하시지는 못하셨지만, 아버지는 술이라도 한잔하시면 그런 말을 하시곤 하셨다. "이렇게 임곡을 떠나버리시면, 이제 나에게 고향이 없어지는 게 아니냐?"고. 아버지는 손에 잡힐 듯 선명한 그 태생의 근원을 차마 놓지 못하셨다. 이제 그곳을 떠나버린다면, 우리에게 돌아갈 곳은 더 이상 남아 있지 않으리라는 것은, 너무나도 자명한 사실이었다. 하지만 아버지를 낳고, 나를 키워낸 임곡의 작은 시골집의 흔적들은 돈 많고 힘 있는 친척 어른들의 입김과 권유에 어찌 손쓸 수도 없이 기억의 저편으로 사라져버렸다.

서울로 올라오신 할아버지와 할머니는 눈에 띄게 몸이 쇠약해지셨다. 어렸을 때 봤던 정정하신 모습은 어느 순간 보기 힘들어졌다. 방바닥에 가만히 앉아만 계시거나 이불 위에 누워 계시는 경우가 더 많았다. 어딘지 모르게 기운이 빠지신 것만 같았다. 할아버지와 할머니뿐만이 아니라 집 안 전체의 분위기도 생기를 잃은 것 같았다. 단지 이곳이 시골의 푸근한 감성이 아닌 시멘트로 얼룩덜룩 지어낸 서울의 흔해 빠진 아파트여서일까. 아니다. 그렇기에는 거실의 소파조차도 습기를 머금은 것 마냥 축축하고, 어딘가 힘이 빠져 보였다. 그 위에 누워 보려고 해도 찐득찐득한 무엇인가가 끌어당기는 것 같아 불쾌했다. 이내 뒷목이 시큰거렸다. 도무지 그곳에서는 깊은 잠을 잘 수 없었다.

그러던 어느 날이었다. 큰고모께서 수화기 너머에서 침울한 어조로 말씀하셨다. 할아버지께서 암에 걸리셨다는 소식이었다. 정확히는 척추 어딘가에 암이 생기셨다고 하셨다. 부정하고 싶었다. 아니 애써 외면하고 싶었다. 내가 기억하고, 봐왔던 할아버지는 조금 허리가 굽었을지언정, 그 흔하디흔한 잔병치레도 하지 않으셨던 강직하신 분이었다. 그런

데 그런 분이 암이라는 거대한 파도에 휩쓸리셨다는 말에 뭐라 말을 해야 할지, 목구멍이 무엇인가에 막혀 버린 것처럼 굳어버렸다. 얼마나 아프실지, 그 고통이 얼마나 심할지 차마 상상조차 되지 않았다. 아니 그런 생각을 하기도 전에, 갑작스레 우리 곁을 떠나버리실지도 모른다는 생각이 먼저 쏟아져 나왔다. 그때, 처음으로 '죽음'이라는 단어의 의미를 곱씹었던 것 같다. 죽음이라는 단어가 이렇게 낯선 것이었나. 일주일에도 몇 번씩 뉴스에서 "2명 사망, 1명 중상"의 짧은 자막으로 누군가의 사망소식을 전해 듣는 게 너무나도 당연했다. 굳이 뉴스가 아니어도 좋다. 횡단보도를 건너면서도, 어디선가 튀어나온 차에 치여 죽을지도 모른다는 생각을 해 본 적은 없었다. 드라마나 영화에서나 나오는 흔해 빠진 클리셰일 뿐이라고 코웃음 쳤을 뿐이었다. 단 한 번도 와닿지 않았던 죽음의 의미가 그날 처음으로 피부 속으로 파고들었다. 섬뜩했다.

아흔이 넘는 연세에 암을 선고받으신 할아버지는 꿋꿋이 병마와 맞서 싸우셨다. 병원에 입원하시라는 친척들의 권유에도 불구하고, 생식(生食)을 하면서 버티겠노라고 말씀하셨다. 잣이나 팥 같은 것을 삶아 드시면서, "약 먹어 봐야 하등 쓸모없다, 이런 걸 먹으면서 이겨내야 한다"고 말씀하셨다. 하지만 그렇게 하는 것이 암의 전이 속도를 전혀 늦출 수 없었다. 이는 가족들 모두가 암묵적으로 동의하는 사실이었다. 한때는 수술을 논할 정도였지만, 할아버지의 연세에 마취라도 하면 수술의 경과를 장담할 수 없다는 의사의 말에, 할아버지의 고집을 못 이기는 척

수긍할 수밖에 없었다. 다만 우리가 할 수 있었던 것은 그저 할아버지 옆을 묵묵히 지키며, 혹시라도 모를 기적과도 같은 확률로 병세가 호전되기를 기다리는 것뿐이었다.

할아버지는 그렇게 일 년이라는 시간을 홀로 버티셨다. 할아버지의 연세라면 언제 병세가 악화돼도 이상할 것이 없는 상황이었음에도, 차분히 병마와 맞서 싸우셨다. 하지만 그해 가을을 채 넘기기도 전에, 할아버지는 우리 곁을 떠나셨다. 너무도 고통스런 병을 앓고 계셨고, 언제 떠나실지 모른다는 생각을 항상 했음에도, 나는 할아버지의 죽음을 받아들이기 어려웠다. 언제나 내 옆에 계셨고, '옥돌아, 이리 와 보거라.'라고 말씀하시던 할아버지셨기에, 나는 할아버지가 이 세상에 더 이상 존재하지 않는다는 것을 차마 받아들일 수 없었다. 차라리 어디 먼 곳으로 여행을 떠나신 것이라 믿고 싶었다. 그래서였을까. 이불조차 정리가 되지 않은 할아버지의 방은 유난히 더 어수선해 보였다. 금방이라도 할아버지가 현관문을 열고 들어오셔서 이불에 드러누우실 것만 같았다. 그래서 나는 할아버지의 외출을 도저히 받아들일 수 없었다. 왜 말도 없이 먼 길을 떠나신 걸까. 춥디추운 그 길을 왜 외로이 가셔야만 했을까.

가족들은 할아버지를 화장해드리기로 했다. 작은 절의 납골당에 모시기 위해서였다. 정확한 이유는 모르겠지만, 아마 할아버지를 어두운 땅 속에 모시고 싶지 않았기 때문이리라. 발인하는 곳은 유독 좁았다. 가족들이 몸을 욱여넣고, 다닥다닥 붙어 있어야 할 정도로 협소했다. 우리는 그곳에서 얇은 유리 한 장을 두고 할아버지가 오시길 기다렸다. 저 멀리서 마스크를 쓰신 분이 오시면서 우리에게 가볍게 목례를 하셨다. 그리고 망자에 대한 예의를 갖추셨다. 할아버지의 관이 뜨거운 그곳에 들어갈 때, 작은 고모는 섧게 우셨고, 막내 고모는 외마디 비명을 지르셨다. 나는 차마 그 모습을 볼 수 없었다. 새어나오는 슬픔을 바닥에 뿌리내린 채, 대리석 바닥만 쳐다볼 수밖에 없었다. 할아버지를 배웅해드리는 마지막 그 순간에도 나는 너무나도 무력했다. 이내 뭐라 형언하기 힘든 복잡한 감정이 끓어올랐다. 슬픔도, 비통함도 아니었다. 그 감정을 뭐라 정의하기에는 그 당시의 나는 너무나도 어렸다.

　몇 시간이 흘렀을까. 굉음을 내며 작동하던 기계가 멈췄다. 그리고 작은 문을 열었을 때, 우리가 본 것은 한 줌도 채 되지 않는 뼛가루였다. 숨이 턱 막혔다. 평생을 함께 살아왔던 할아버지의 마지막 모습이었다. 살아생전 당신의 모습이 아직도 눈에 선명했기에, 눈앞에 마주한 그 모습을 애써 부정하고 싶었다. 너털웃음을 지으시면서 '옥돌아'라고 부르시던 그 모습과 그 음성이 너무도 생생한데, 어떻게 저 한 줌도 채 안 되는 것을 '할아버지'라고 부를 수 있겠는가. 나는 그 상황을 받아들일 수 없었다. 하지만 얼마 지나지 않아 유리 너머의 사람이 철판으로 마지막 남은 한 줌까지 모두 유골함에 쓸어 담고, 꾸벅 인사하는 모습을 보고서야 나는 비로소 할아버지의 죽음을 아주 조금 인지했다. 외면하고 싶었던 그 사실을 억지로 받아들여야만 할 때, 나는 참았던 눈물을 터트렸다. 어찌 멈출 수도 없었다. 여태껏 느껴보지 못한 감정에 파묻혀서 흐느껴 울었다. 단순히 할아버지가 영영 우리 곁을 떠났다는 사실에 슬픈 것이 아니었다. 그것보다 더 본질적인 슬픔이었다. 그 슬픔에는 명확한 이유가 없었다.

비행의 추억
날자, 날자, 날자꾸나

어렸을 때 뉴스에서 연예인들이나 운동선수들이 출국하는 모습을 보면 그런 생각이 들었다. '개멋있다….' 왜 그랬는지는 몰라도, 커다란 캐리어를 끌고 공항에 들어와 기자들에게 까딱까딱 손가락을 흔들며 인사하고서, 쿨하게 뒷모습만 보이며 사라지는 그 모습이 묘하게 매력적으로 보였던 것 같다. 하지만 정작 그 사람들이 비행기를 탄다는 사실은 그리 중요하지 않았다. 사실 어렸을 때는 비행기가 뭔지도 잘 몰랐다. 영화나 드라마에서 주인공이 화려하게 등장할 때나, 악당들에게 쫓겨 어디론가 도망갈 때 비행기를 탔다는 것만 어렴풋이 기억날 뿐, 정작 비행기 안은 어떻게 생겼는지, 어떤 원리로 비행기가 움직이는지에 대해서는 도통 관심이 없었다. 아니, 깊은 관심을 가지기에 비행기는 너무나도 먼 존재일 뿐이었다. 몇백, 몇천만 원은 있어야 탈 수 있을 것만 같은 비행기에 관심을 갖는 것 자체가 너무나도 큰 사치처럼 다가왔다. 하다못해 KTX를 타는 것조차도 비싸다고 느끼는데, 비행기를 탄다는 것은 더더욱 말할 것도 없었다. 그래서일까, 남들은 한 번쯤은 갖는다는 비행기에 대한 로망, 해외여행에 대한 로망을 가져 본 적이 없었다. 물론 막연하게 '언젠가 한 번쯤은 유럽으로 여행 가고 싶다.'고 생각은 했지만, 그저 생각일 뿐이었다. 가끔 엄마한테 그런 말을 할 때가 있었다.

"엄마, 나 해외여행 가고 싶어." 물론 진심으로 엄마에게 해외를 보내달라고 투정을 부린 것은 아니었다. 그냥 푸념에 가까웠다. 어디서 무슨 돈이 나와서 해외를 보내주겠는가.
"너가 돈 벌어서 엄마 유럽 좀 보내줘라." 엄마는 대수롭지 않다는 듯이 말씀하셨다. 적어도 내가 아는 엄마는 어느 소설이나 드라마의 어머니처럼 "어이구, 우리 아들이 해외를 가고 싶었구나." 하시면서 모아두었던 쌈짓돈을 내밀면서 국제선 비행기 티켓을 끊어주시는, 그런 마음 약하신 분은 아니었다. 나는 그저 "나중에 돈 많이 벌어서 비즈니스석 타고 유럽 가자"고 기약 없는 약속을 하고선, TV 속 뉴스 앵커에게 눈을 돌리는 수밖에는 없었다.

그렇게 영영 비행기와의 인연은 이뤄질 수 없는 금단의 영역 안에 갇히는 것만 같았다. 하지만 20살이 되던 해, 이제야 고등학생 티를 겨우 벗고서 대학생 비스무리한 것이 된 2013년 12월에 나는 뭔가에 홀린 것처럼 뉴질랜드로 가는, 호주 경유 아시아나 항공의 비행기에 올라탔다. 사실 비행기를 타고 말고의 문제보다도, 해외를 간다는 것 자체가 이해가 되지 않았다. 앞서 말했던 것처럼, 나는 제주도 가는 국내선 비행기조차 탄 적이 없는 촌놈이었다. 인생의 90% 이상을 경기도에서 나고 자라면서, 여행이라고 해 봐야 할머니, 할아버지를 뵈러 광주에 내려

갔던 게 다인 나에게 인천국제공항의 수속 카운터는 너무도 낯선 곳이었다. 하다못해 여권을 만드는 것조차 비현실적으로 다가왔다. 생각해 보면 여권이라고 해 봐야, 초등학생 때 방학이라고 파주 영어마을에 놀러 가서, 마을 입구에서 받았던 조잡스럽게 만들어진 초록색 종이 쪼가리가 내가 봤던 여권에 가장 가까웠던 것 같다. 하지만 내 사진이 큼직하게 박혀 있는 진짜 여권을 시청에서 받아오고서야 비로소 '진짜 어디 가긴 하는구나.'싶은 생각이 들면서, 어린 마음에 TV에서나 보던 뭔가 조금 멋있는 사람이 된 것 같아 설레기도 했다. 그날은 자기 전까지도 수십 번씩 눈이 닳도록 여권만 만지작만지작했던 것 같다.

　사실 뉴질랜드를 간다는 것 자체가 비현실적인 일이었다. 예전에 〈무한도전〉에서 무슨 특집으로 뉴질랜드를 갔던 것과 〈반지의 제왕〉 촬영지라는 것만 기억나는 그런 낯선 나라였다. 하다못해 학교에서 지리 수업을 들으면서도 뉴질랜드에 대해서는 배운 적이 없었는데, 갑자기 생면부지의 지역에 친척은 고사하고, 지인 한 명조차 없이 혈혈단신으로 갈 것이라고 누가 예상이나 했을까. 뭐, 이런저런 이유가 있었지만, 가장 큰 이유는 엄마의 강한 의지 때문이었다. 엄마는 '살면서 유학 한 번은 갔다 와야 하지 않겠냐'고 하시면서, 한 살이라도 더 어릴 때 많이 경험하고 와야 한다고 대뜸 서울의 한 유학원과 연결시켜 주시더니, 밑도 끝도 없이 뉴질랜드의 비즈니스 스쿨 입학시험을 보게 하셨다. 사실 내 자유의지는 크게 개입되지 않았다. 아니 전혀 없었다고 보는 게 맞겠다.

뭐가 어떻게 흘러가는지도 모르는 혼란스러운 상태에서 유학을 가는 것에 대해 옳고 그름을 판단하고, 이렇게 막무가내로 일을 진행시켜도 되는가에 대해 진지하게 생각할 겨를이 없었다. 출국하기 일주일 전쯤, 문득 엄마한테 그런 말을 했었다.

"엄마, 무슨 돈이 있다고 나를 유학 보내? 외국 물가 비싼 거 뻔히 알지 않아요? 아무리 내가 설령 거기서 아르바이트를 한다고 쳐 봐요. 내가 버는 게 뭐 얼마나 되겠어. 엄마, 아빠가 투자해야 할 돈이 더 많을 텐데 괜찮은 거예요?" 진심 어린 걱정이었다. 다른 부잣집 사람들처럼 한 달에 몇백씩 벌면서, 자기 자식한테 몇백만 원씩 쓰는 게 우스운 상황도 아니라는 것쯤은 뻔히 아는 사실이었다. 하지만 엄마는 이렇게 말하셨다.

"나는 말이다, 젊었을 때 대학교수가 자기랑 같이 독일 가서 공부하자고 했었어. 근데 나는 그때 유학 가는 게 마냥 무섭더라고. 취업해야 하는데 굳이 독일을 가야 될까 하는 생각이 먼저 들더라. 근데 나는 아직도 그게 후회돼. 취업이 뭐 그리 중요하다고, 그걸 거절했나 싶은 생각이 들 때가 많아. 시간을 되돌려서 돌아간다면 무조건 독일로 떠나고 싶단다. 적어도 너는 그런 후회 안 하고 살았으면 좋겠어. 돈 걱정은 하지 말고 가라."

나는 아무 말도 할 수 없었다. 뭔가 무거운 것이 마음을 잔뜩 짓누르는 것 같았다. 설레는 마음 틈으로 스며드는 엄마의 젊은 시절의 기억들이 더 아프게 느껴졌다.

출국 당일 날, 대사관에서 뽑아온 학생비자와 빳빳한 초록색 여권을 추켜들고, 온갖 짐이 가득 담긴 배낭과 캐리어를 끌고 인천국제공항 게이트에 도착했다. 공항 가는 택시에서 무슨 생각을 했는지 기억이 잘 나지 않는다. 하지만 여행에 대한 막연한 설렘보다는, 말도 잘 안 통하는 생면부지의 타지에서 살아남아야 한다는 원초적인 두려움이 나를 짓눌렀던 것 같다. 애써 '어떻게든 되겠지.' 하는 심정으로 다가올 미래를 외면하려 해도, 출국 시간이 다가올수록 외면한 미래는 점점 현실로 다가왔다. 캐리어 2개와 배낭, 게스트하우스 예약 확인서, 뉴질랜드 달러 조금, 그리고 호주 경유 뉴질랜드 가는 아시아나 항공 편도 티켓. 내가 가지고 있는 전 재산이었다. 남들은 여행지에 대한 설레는 마음을 바리바리 들고 들어갈 인천국제공항의 출국 게이트 앞에서, 나는 그저 '객사하지만 말자.'고 되뇌는 것밖에 할 수 없었다. 오후 8시 20분, 한국을 떠나는 호주 가는 비행기에 불이 들어왔다. 가야 한다. 죽이 되든, 밥이 되든 떠나야 한다. 뉴질랜드에서 더는 못 살겠다고 한국으로 돌아오고 싶어도, 돌아올 티켓조차 없었다.

비행기에 올라타고서는 아무 생각이 들지 않았다. 한 뼘이 채 안 되는, 동그란 창문 사이로 비행기의 거대한 날개가 보였다. 인터넷에서 날개 옆자리에 앉으면 겁나 시끄럽다는데. 얼마 지나지 않아 기장의 굵은 목소리가 들렸다. "우리 비행기는 호주 시드니 공항으로 가는…" 잘 기억이 나지 않는다. 눈앞에 있는 모니터에서 영화 한 번 틀어보겠다고,

잘 눌리지도 않는 액정 화면에 집중하느라 안내방송은 귀에 들어오지도 않았다. 승무원은 통로에서 구명조끼를 들고 뭐라 뭐라 설명하고 있었다. 음. 사고 안 날 거야. 주섬주섬 안전벨트를 허리춤에 끼워 넣었다. 몇 분이 지났을까. 비행기는 육중한 기체에 시동을 걸었고, 활주로를 엉금엉금 기더니, 어느 순간에는 고속버스보다, 그리고 4호선 지하철보다 빠르게, 마침내는 기차보다 빠르게 내달려 공중으로 힘껏 솟구쳐 올랐다. 공중으로 떠오르는 2초 남짓한 시간 동안에, 살짝 붕 떠오르는 듯한 얕은 무중력이 척추로 스며들었다. 묘하게 기분이 좋아지던 그 느낌을 아직도 생생하게 기억하고 있다. 그렇게 찰나의 순간 만에, 20년 동안 단 한 번도 벗어나지 못했던 한국 땅을 훌러덩 떠나버렸다. 나는 그렇게 미지의 세계로 떠났다.

   18시간이 넘는 시간 동안, 좁아터진 이코노미석에서 할 수 있는 것이라고는, 기내식을 먹고, 졸리면 자고, 모니터 속의 비행경로를 멍하니 쳐다보는 것밖에 할 수 없었다. 잊을 만하면 한 번씩 기내식을 주는 것도 모자라 과일 같은 것도 주고, 입 심심할까 봐 땅콩도 챙겨주는데, 이런 게 사육인가 싶었다. 다리 하나 제대로 뻗지 못하는 좁아터진 이코노미석에서 챙겨 먹는 기내식은 모든 영양분이 하체로 쏠리는 것만 같았다. 언젠가는 나중에 돈 많이 벌어서 비즈니스 탄다고 이를 부득부득 갈았지만, 그래 봐야 내가 할 수 있는 것은 자고 또 자는 것을 반복하는 것뿐이었다. 인생에서 처음 탄 이코노미석에 신물이 나고, 창문에 기댄 머리가 지끈지끈해질 때쯤, 비행기는 호주 상공을 어슬렁거리고 있었다.

 사실 호주에 대한 기억은 잘 기억이 나지 않는다. 다리도 제대로 못 뻗고, 목은 창문의 45도 각도로 꺾고 선잠을 자서인지, 호주에 도착했을 때는 반쯤 시체가 되어 있었다. 시드니 공항을 구경하는 건 고사하고, 눈만 겨우 뜨고, 반쯤 초점을 잃은 채 환승하는 게이트 앞 의자에 드러누워 있는 것밖에 할 수 없었다. 4시간의 환승 대기시간을 시체처럼 버티고 나서는 뉴질랜드 가는 콴타스 항공 비행기에 타자마자 정말 죽은 듯이 잠만 잤다. 마치 몸살감기 난 사람처럼 기내식이 나오든 말든 엎드려서 줄곧 잠만 잤던 것 같다. 녹아내릴 것 같은 머리를 부여잡고, 입국 신고서를 허겁지겁 작성할 때쯤 비행기는 뉴질랜드의 오클랜드 국제공항에 착륙했다. 뉴질랜드고 나발이고 한시라도 이 좁아터진 공간에서 내리고 싶었다. 서울에서 부산 가는 심야 고속버스에서 일어난 것마냥, 아무 생각 없이 부스스 일어나 선반에 실어 놓았던 가방을 들쳐 메고 나왔다.

 입국 심사장에는 20년 동안 봐왔던 익숙한 한국인들의 냄새보다 더 진한 냄새가 코를 찔렀다. 눈앞에는 매부리코에, 뭘 먹고 저렇게 컸는지 모를 큰 키의 외국인들이 바글바글했다. 어색했다. 이 드넓은 오클랜드 공항에서 한국인, 아니 동양인은 나밖에 없는 것 같았다. 'From: ICN To: AUC' 전광판 밑에서 수화물을 싣고 돌아가는 레일을 보면서도 나는 현실감각을 되찾지 못했다. 하지만 내 옆에서 뭐라 뭐라 떠드는 이 금발의 외국인들과 저 너머 레일 위를 사부작사부작 굴러오는 내 캐리어를 보아하니 꿈은 아니구나 싶었다. 카트 위에 짐들을 얹고서, 한참을 공항 안을 돌아다녔다. 사방이 영어로 쓰여 있는 것은 물론이고, 한국에서 흔하게 봤던 김치찌개, 된장찌개 파는 음식점이 없다는 것에 충격받으며 뉴질랜드의 처음을 감상할 때쯤 누군가 옆에서 나를 툭툭 쳤다.

"Excuse me, can I help you?"
"Y…Yes?"
"Are you stranger here? Do you need help?"
아, 생전 처음 보는 동양인이 얼마나 불쌍해 보였으면 이렇게까지 도와주려고 하는 걸까. 어리바리하게 카트 하나 끌고 돌아다니는 모습이 퍽 안쓰러워 보였나 보다.
"A…ah… No, No Thank you." 안타깝게도 뉴질랜드에 도착한 지 1시간도 채 안 된 나에게 웃으면서 '안 도와주셔도 괜찮습니다. 허허.'라고 웃으며 대답할 재간이 없었다. 그럼에도 불구하고, 뉴질랜드에서 처음 만난 이방인은 웃으며 뭐라고 말하며 유유히 사라졌다. 왠지 모르게, 뉴질랜드에서의 시작이 기분 좋게 느껴지는 순간이었다.

바퀴벌레
죽여도 죽지 않는 벌레

　손가락 한 뼘 조금 안 되는 크기에, 기다란 더듬이를 들고, 배에 모터라도 단 것마냥 눈 깜빡할 사이에 끝에서 끝으로 사라지는 시꺼먼 벌레, 바퀴벌레. 사실 바퀴벌레한테 '벌레'라는 생물학적 정의를 내리는 것 자체가 어폐가 있다. 최소한 벌레라고 한다면 콩벌레, 하루살이 같이 눈곱만해서 눈에 잘 보이지도 않은 크기이거나, 하다못해 개똥'벌레'처럼 꽁무니에 빛이라도 내서 천연기념물로 지정되는 귀한 곤충이라면 이해를 하겠다. 이 바퀴벌레는 도대체 뭐 하는 생물인가. 남의 집에 제멋대로 들어와서 싱크대 하수구나 쓰레기 봉투 근처에서 어슬렁거리면서, 집 안 곳곳에 자리를 잡고 앉아 시도 때도 없이 튀어나와서 공포를 선사하는 이 벌레는 도대체 무엇이란 말인가. 이 바퀴벌레라는 놈들은 크고 작음에 상관없이 공포 그 자체다. 작은 바퀴벌레라고 놓쳤다 해서 안심할 문제가 아니다. 그 작은 바퀴벌레가 어디에서 뭘 먹고 무럭무럭 자라서, 알을 까고 언제 우리 집을 점령할지는 아무도 모르는 일이다. 다 큰 바퀴벌레는 말할 것도 없다. 혹여 알이라도 품어서 땡글땡글한 놈을 잘못 잡기라도 해서, 안에 있는 알들이 튀어나온다든지, 약으로 절여 죽여 휴지에 싸서 쓰레기통에 버렸는데, 안에 있던 알들이 시체를 먹고 커서 튀어나오면 '대체 이 새끼들은 어디서 나온 거지?' 싶은 생각이 절로 든다. 이 바퀴벌레는 움직이는 소리마저 소름이 끼친다. 바스락거리는 소리를 내며, 잘 보이지도 않는 곳에서 분주히 움직이는 그 소리가 등골을 서늘하게 한다. 꼭두새벽에 누워서, 저 소리를 듣기라도 한다면 행여나 어디에서 튀어나와서 내 몸속으로 들어올까 공포에 떨어야 한다.

바퀴벌레에 대한 공포는 눈에 보이지 않아도 온몸을 휘감는다. 잠깐 컴퓨터를 하고 있는 동안에도 벽 위에 거무스름한 것이 보이는 것 같으면 나도 모르게 몸이 움츠러들고, 당장이라도 살충제를 들어야만 할 것 같다. 하지만 막상 쳐다보면 손톱만 한 조그마한 날벌레가 붙어있는 것일 뿐이거나, 아무것도 없는 경우가 대부분이다. 바퀴벌레는 그 존재를 인지하는 것만으로도 인간에게 알 수 없는 공포를 심어준다. 최근에 살던 자취방에서 바퀴벌레 비슷한 것을 잡은 적이 있었다. 이사한 지 반년이 채 지나지도 않은 집인데 정말 밑도 끝도 없이 벽 모서리에 붙어 있었다. 잠시 밖에 나갔다 들어와 불을 켜는 순간, 슬금슬금 어디선가 기어 나와 태평하게 더듬이를 흔들고 있었다. 그 해괴한 벌레를 마주한 순간, 머리가 새하얘졌다. 몇 년 전, 끔찍하게도 괴롭혔던 그 바퀴벌레가 우리 집에 나타난 건가 싶었다. 하지만 유심히 쳐다봐도 바퀴벌레 같지는 않았다. 바퀴벌레 그 특유한 갈색빛의 통통한 몸집이 아니라, 검은색의 날렵한 형태였다. 더듬이가 유난히 더 길어 보이는 듯한 그 벌레는 밝은 곳에서도 눈 하나 깜짝 않고 제자리를 지키고 있었다. 일반적인 바퀴벌레라면 빛을 보는 순간, 그 끔찍한 속도로 구석진 곳을 찾아 숨어 들어갈 텐데 이놈은 되려 당당했다. 하지만 '이놈이 바퀴벌레가 아니기 때문에 죽일 필요가 없다.'는 그런 자비로운 생각을 할 겨를이 없었다. 당장 죽여버려야 안심이 될 것 같았다. 어디 구석진 곳에서 알을 까서 내 보금자리를 망가뜨리고, 점령할지 모르는 일이었다.

 나는 결국 방구석에 세워두었던 바퀴벌레 살충제를 그 검은 벌레에게 온 힘을 다해 발사했다. 아무리 쏴도 버둥거리는 이놈은 필시 익충은 아닐 것이라 생각했다. 몇 년 전 수도 없이 쏴 죽인 그 바퀴벌레 놈들과 똑같았다. 휴지를 둘둘 말아 뜯었다. 이 빌어먹을 곤충의 그 형태를 손으로 기억하고 싶지 않았다. 두툼한 휴지로 감싼 그 벌레를 집 밖 쓰레기통에 내다 버렸다. 우리 집 쓰레기통에 버렸다가, 안에 있던 알들이 기어 나올 것만 같았다. 이 끔찍한 벌레가 대체 어디서 우리 집으로 흘러들어온 것일까. 도무지 알 수 없었다. 주방도, 베란다도 이 벌레가 들어올 구멍도, 숨어 있을 공간도 없었다. 나는 이내 괜히 방구석에 살충제를 뿌렸다. 근원을 알 수 없는 벌레의 등장에 혹시나 그 벌레가 다시 등장할까 항상 노심초사해야 했다. 방문을 열면 왠지 그 벌레가 다시 나올까 봐 며칠 동안 긴장하면서 집 안 구석구석을 살폈지만, 다시 나오는 일은 없었다.

 예전에 그런 일이 있었다. 부모님이 새로운 집으로 이사한 지 얼마 안 됐을 때였다. 아버지께서 주방 정리를 하고 있는데, 웬 콩알만 한 벌레 한 마리가 지나가더랬다. 자세히 보니 바퀴벌레 새끼 같아 보이길래, 저렇게 작은놈 잡아 죽여봐야 뭐 하나 싶어서 휴지로 집어 베란다로 집어던졌는데, 그게 화근이었다. 괜한 자비심과 생명에 대한 존중으로 인해 그 작은 바퀴벌레는 집 안 구석구석을 들쑤시고 다니면서 온갖 것을 먹어댔고, 결국 다 큰 바퀴벌레가 되어 집 안에 알들을 싸고 다녔다. 문제는 가뜩이나 좁은 집에, 옛날에 지은 집이라, 조금만 움직여도 바퀴벌레들이 눈에 보일 지경이었다. 식탁에서 밥 한번 먹으려고 그릇을 들면, 그 밑에서 두세 마리가 튀어나오는 것은 기본이요, 가스레인지 위의 냄비를 들면 거무스름한 것이 와르르 쏟아지는 것이 일상이었다.

벌레 잡는 세스코 같은 곳이라도 불러 보려 했지만, 옛날에 지은 연립주택들은 배수관을 중심으로 전부 연결되어 있어, 한 가구만 방역한다 해서 효과가 없다는 말을 듣고서는 단념해버렸다. 인터넷에서 '바퀴벌레가 싫어하는 것'을 검색해서 계피 쪼가리 같은 것을 쓰레기봉투 근처나, 식탁 근처에 놓아도 보았지만, 나중에는 그 쪼가리 위에서 '뭘 정성스레 이런 걸 준비했냐'는 듯이 능청스레 앉아있는 것을 보고 경악을 금치 못했다. '밝은 곳을 싫어하고, 어두운 곳을 좋아하며, 포식자인 사람을 보면 도망간다.'는 너무나도 기본적인 상식은 우리 집에서 철저히 파괴되었다. 오히려 집에 사는 사람이 바퀴벌레를 더 무서워하고, 바퀴벌레에 밀려 식탁 위에서 밥 먹는 것도 주저하게 되었으니 말이다.

하지만 나중에는 가족들도 바퀴벌레가 주도하는 집 안의 질서에 서서히 적응하기 시작했다. 근본적으로 바퀴벌레들을 우리 집에서 박멸할 수 없다는 것은 자명한 사실이었기에, 우리가 집에서 나가지 않는 이상, 불편한 동거는 계속될 수밖에 없었다. 1년 가까이 바퀴벌레에 시달렸던 우리 가족들은 결국 다른 곳으로 이사 갈 수밖에 없었다. 바퀴벌레가 사람을 몰아낸 것 같은 기분이 들었지만, 어쩔 수 없었다. 하지만 이사하던 날, 가구를 들어내고, 쓰레기들을 버리면서, 집 안 구석구석을 뒤졌던 우리는 집 안에서 단 한 마리의 바퀴벌레도 발견할 수 없었다. 가끔 죽은 바퀴벌레의 사체들이 한두 개씩 바닥에 널브러져 있는 것이 전부였다. 마치 자기네들끼리 짜고 친 것 마냥 바퀴벌레는 우리 집에서 흔적을 감췄다. 그 많던 바퀴벌레는 다 어디로 간 것인가. 마치 자기네들이 발 디딜 공간조차 없어 거실로 뛰쳐나온 것만 같았던 그 징글징글한 것들은 하루아침 사이에 어디로 흔적을 감춘 것인가.

아주 기묘한 이야기, 뒷담화는 묻어 저승까지
A stranger

"저기요, 그쪽은 몇 살까지 살고 싶어요?"

대뜸 생뚱맞은 질문을 던졌다. 커피숍 앞 벤치에서 담배를 태우던 나에게 진한 노란색으로 머리를 염색한 젊은 친구가 옆에 털썩 주저앉았다. 일면식도 없는 사람이 밑도 끝도 없이 저런 질문이나 하고 있으니 소위 말하는 '도를 아십니까' 하고 일장연설을 하려는 것 같았다. 그래도 질문한 사람 예의가 있으니 대답은 해줘야겠지.

"글쎄요, 딱히 모르겠는데."
"그래도 내가 몇 살까지 살아야겠다 내지는 몇 살까지 살고 싶다는 생각은 있지 않아요?"
"뭐, 제가 몇 살까지 살아야겠다고 생각해 봐야 뭐 하겠어요, 그건 제가 왈가왈부할 수 있는 게 아니죠. 알아서 흘러갈 운명인데."
평소였다면 '바빠서 먼저 가 볼게요.' 하면서 자리를 회피했을 터이지만, 그날은 왠지 하는 질문에 성실하게 대답하고 있었다.

"허허, 대성하시겠네." 의미를 알 수 없는 대답이었다.

"아, 저는 이런 사람입니다." 딱히 그 사람이 궁금하지도 않았지만, 먼저 자신의 신분을 밝히고 있었다. 지갑 한편에 '국가공인 기술: 전기기능사'라고 쓰여 있는 자격증을 자랑스레 보이며 제멋대로 자신의 이야기를 이어나갔다. "요새 무슨 일 하고 계세요?" 노란 머리가 물어보았다.

"그냥 공장에서 일이나 하고 있죠."

"그럼 원래 하고 싶은 일은 뭔데요?" 보통의 사람이라면 어디서 무슨 일을 하나, 어떤 일이냐 하면서 피상적인 질문이나 던졌을 것이다. 지금껏 사람들을 만나 오면서 백이면 백, 모두가 그렇게 물어왔으니까. 문득 노란 머리에 대한 흥미가 생겼다. 여태껏 듣지 못한 질문을 던지는 폼이 예사롭지 않았기 때문이다.

"요새 글 쓰는 거 준비하고 있어요. 이것저것 다 써 보면서."

"그러면 당신이 생각했을 때, 자신의 글을 한 단어로 요약한다면, 뭐라 할 수 있어요? 이를테면 자신의 쓴 글 중에 가장 애착이 가는 글이라든지, 구절이라든지. 오래 생각해 보세요. 천천히."

글을 쓴 지는 얼마 되지 않았지만, 이런저런 글을 쓰면서 나름 애착이 가는 글들이 있다. 이를테면 많은 사람들이 '좋아요'를 눌러 준 글이나, 나름대로 잘 쓴 것 같아 스스로 만족하는 글. 근데 뭐라 한 단어로는 요약하기 힘든 글이었다. 한참을 생각하다, 처음 펜대를 굴려 쓴 글이 생각났다. 친구랑 술 한잔 먹고서 두서없이 써 내려갔던 글이었다. 전에는 글을 쓴다는 생각을 해 본 적도 없었지만, 그날은 왜인지 글을 쓰고 싶었다. 그때 술을 먹지 않았다면, 지금처럼 매일같이 글을 쓸 일도 없었을지도 모른다.

하지만 굳이 이런 얘기를 미주알고주알 늘어놓는 것은 영 성가시고 귀찮은 일이었다.
"잘 모르겠네요. 딱히 한마디로 정의하긴 뭣한 글이라." 노란 머리는 말없이 고개를 끄덕였다. 그러더니 자신의 가방에서 낡은 노트 하나를 쥐여줬다.
"선물이에요. 이걸로 좋은 글 많이 써주세요."
자신도 요새 곡을 쓰고 있다면서 동질감을 느낀 건지 대뜸 자신의 노트를 주는 것이 썩 기분 나쁘지는 않았다.
"저는 10월에 공연합니다. 나중에 구경 오세요. 아, 저는 오늘 여기 없는 겁니다? 비밀로 해주세요."
그 사람이 뭐 하는 사람인지, 어떤 동아리에 소속된 사람인지 당최 정체를 알 수 없는 사람이지만, 어디서 본 적이라도 있는 것 마냥 이야기하는 것이 기분이 썩 오묘했다. 단순히 나사가 하나 빠진 사람이라고 치부하기에는 독특한 사람이었다.

"담배 두 개만 주시겠습니까?' 두 개비 남은 담뱃갑에서 하나를 꺼내주었다.

"돛대예요. 두 개비 남아서 하나만 드릴게요." 불을 붙이고 한참을 앉아 있다가 노란 머리가 일어났다.

"좋은 글 많이 쓰시고, 고맙습니다." 뭐 담배 몇 개비 빌려준 게 고마울 일이라면 고맙겠지. 그리고 잠깐 한눈을 판 사이에 쥐도 새도 모르게 사라져 버렸다. 그렇게 처음 본 사람과의 기묘한 대화도 끝이 났다. 끓는 침을 연신 뱉으며 생각했다.

'미친 새끼. 담배 좀 빌리겠다고 그렇게 아가리를 털어댄 거야?'

사랑이라는 감정을 알게 해 준 당신에게
커플이라는 것에 대해

나는 모태솔로였다. 정확히는 26년 14일 동안 연애 한 번 해 보지 못한 사람이었다. 혹자는 그랬다. 왜 그 나이 먹고서도 연애 한 번 못 하느냐고. 나는 그런 말을 들을 때마다 쓴웃음을 짓곤 했다. 그리고 이내 깊은 한숨을 내쉬고는 "나도 몰라… 씨발…"이라고 무미건조하게 대답할 뿐이었다. 친하지는 않지만, 가끔 얼굴 한두 번 보는 친구들은, "너 정도면 괜찮은데? 그냥 운이 없는 것뿐이야. 언젠가는 운명의 상대가 나타난다니까?"라며 애써 위로하곤 했지만, 그리 위로가 되지는 않았다. 운명의 상대가 나타나야만 연애 비슷한 것을 할 수 있다는 것을 보기 좋게 포장한 말뿐인데, 그것을 위안 삼기에는 내 스스로를 욕하는 것만 같았다. 좋아하는 여자가 생겨도 말 한마디 붙여보지 못하고, 용기 내서 다가가도 묘한 거리감을 유지하며 멀리하려는 것이 눈에 보여 이내 단념해버리는 것이 일상이 되었지만, 그럼에도 그런 비참한 상황을 단지 그 여자가 '운명의 상대'가 아니었기 때문이라고 치부하기에는, 그런 경우가 너무 많았다. 살다가 한 번쯤은 만날 수도 있는 것 아닌가?

사실 예전에는 연애라는 것에 크게 의미를 부여하지 않았다. 정확히는 의미를 부여하지 않기 위해 노력했다. 딱히 연애하는 것이 부럽지도 않았고, 설령 커플이 되었다 하더라도 얼마 지나지 않아 헤어지는 일도 허다한데, 그것 때문에 감정을 소비하는 모습들을 보면서 부러움보다는 딱한 마음이 먼저 들었다. 가끔 친한 친구들 중에 헤어지고 나서 침울한 목소리로 '술 한잔하자'고 나를 불러낼 때가 있었다. 동네 술집에서 아무 말 없이 소주 한 병을 까서 벌컥벌컥 마시고 나면, 친구가 그런 말을 했다. "씨발, 좆같다…." 그 짧은 말에 모든 감정들이 뒤범벅되어 있었다. "괜찮냐?" 괜찮을 리 없지만, 딱히 뭐라 해 줄 말도 없었다. "몰라… 그냥 짜증 난다." 자세한 내막은 알 수 없었지만, 친구가 술에 취해 주저리주저리 하는 말을 들으며, 위로해 줄 때면 '연애가 뭐라고…' 싶은 생각이 들었다. 전에 친구가 그런 말을 한 적이 있었다.

"야, 나는 아직도 그게 후회돼."
"뭐가."
"여자친구가 포차 같은 데 좋아했거든. 그런 데 있잖아. 일반 술집하고 다르게 좀 시끄러운 음악 나오고, 원형 테이블 이렇게 세팅되어 있는 술집."
"어, 알지 알지."
"근데 내가 시끄러운 곳 존나 싫어하거든. 귀 아프고 그래서. 근데 지금 헤어지고 나니까 왜 안 갔을까 싶다."
"뭐 어쩔 수 없잖아. 그때는 그럴 수밖에 없었으니까."

친구는 두 시간이 넘도록 여자친구한테 제대로 못 해줬다는 이야기만 반복했다. 내가 해 줄 수 있는 것이라고는 말없이 소주잔에 소주를 채우고, 같이 마셔주는 것밖에 없었다. 헤어지면 이렇게 될 것 뻔히 알면서도, 왜 연애를 하는 걸까.

하지만 혼자 지내는 시간이 5년, 6년 길어지고, 주변 사람들이 한 명, 두 명 커플이 되는 것을 볼 때마다 부럽다는 감정이 먼저 들었다. 주변에서 힘들어하는 모습을 눈앞에서 봤으면서, 정작 나 자신은 그런 연애하는 모습을 부러워하기 바빴다. 그리고 뒤이어 왠지 모를 패배감이 곰팡이처럼 피어올랐다. 대부분의 사람들이 연애를 하고 있었고, 마치 연애가 인간의 기본적인 덕목이라도 된 것 마냥 경쟁적으로 연애하는 모습에 짜증이 났다. 나도 남들만큼 사랑할 수 있는데, 나는 왜 이러고 있는 걸까 싶은 생각이 들었다. 나 자신에게 치명적인 결함이 있는 걸까. 외모든, 성격이든 딱히 모나지 않다고 생각해오던 나로서는 커플이 되기 위한 경쟁시장에서 항상 패배자가 돼야만 한다는 게 납득이 가지 않았다. 번번이 나를 외면하려는 듯한 여자들의 눈초리와 행동들은 스스로를 위축시켰다. 그리고 이내는 '대다수의 여자들은 나를 싫어한다.'라는 다소 극단적인 결론에 이르렀다. 그리고 그런 결론을 반박할 만한 사례를 찾기도 힘들었다.

나름 열심히 노력했다. 옷도 잘 입어보려고 애썼고, 행동이든, 말버

릇이든 고쳐 보려고 애썼다. 하지만 친구들은 냉소적으로 "너 같은 마른 애를 누가 좋아하겠냐?"며 대꾸했다. 운동이든 뭐든 살부터 찌우라는 날 선 충고들을 애써 한 귀로 듣고 한 귀로 살기를 몇 년, 버티고 버티다 지친 심신은 걸레짝이 되어 버렸고, 이내 나 자신을 혐오하게 됐다. 예전부터 그랬다. 나는 남녀관계에서 '을'의 위치에 놓여 있었다. 좋아하는 사람을 졸졸 따라다니며, 저 사람도 나를 좋아해 줬으면 좋겠다는 막연한 기대를 품을 뿐이었다. 하지만 그런 기대는 얼마 지나지 않아 박살이 나버렸고, 내가 좋아하던 여자는 나보다 훨씬 잘생기고, 근사한 남자와 연애했다. 그런 일들이 한 번, 두 번 반복되자, 남녀관계라는 것에 염증이 나버렸다. 어차피 이뤄지지도 않을 일에 혼자서 심하게 몰입하고, 집착하는 것만 같았다.

하지만 어느 순간 조금 달라졌다. 아니 송두리째 바뀌었다. 나도 누군가에게 사랑받을 수 있고, 나를 좋아해 주는 사람이 어딘가에 있을 수도 있다는 생각이 들었다. 그리고 그 막연했던 생각은 현실이 되었다. 서로가 사랑한다고 말할 수 있는 순간이, 나랑 함께해줘서 고맙다고 말할 수 있는 순간이 왔다. 그 순간이 다가오는 데 많은 시간이 필요치 않았다. 우연히 만났고, 몇 번 연락을 주고받았을 뿐이었다. 하지만 얼마 지나지 않아 예전에는 느껴보지 못했던 그런 감정들이 일어났다. 내가 엄마를 제외한 어떤 사람에게 사랑을 받을 수 있을 것이라 생각하지 않았다. 하물며 누군가를 진심으로 사랑하고, 챙겨준다는 것은 더더욱 생각해 본 적이 없었다. 지난 십수 년을 혼자 살아왔기에, 도무지 현실적으로 느껴지지 않았다. 솔직히 말해서, 그녀와 처음으로 데이트를 하러 가는 지하철에서 누군가가 나를 속이고 있는 것만 같았다. 만나기로 한 장소에 가면 '짜잔, 몰래카메라였습니다!'라고 할 것만 같아 괜히 불안해졌다. 왠지 꿈속에서 헤매고 있는 것만 같고, 자고 일어나면 개꿈 꿨네 하면서 속으로 중얼거릴 것만 같았다. 종종 그런 달콤한 꿈을 꾼 적은 있었다. 여자친구인 것 같은 사람이랑 같이 어딘가를 놀러 가는 그런 꿈 말이다. 하지만 꿈속에서 손이라도 잡으려고 하면, 데이터파일 없는 게임처럼 강제 종료돼버리곤 했다. 현실에서의 경험이 없는 꿈은 실행조차 되지 않는다는 것에 분노하며, 잠에서 깨어났던 것을 생각하면, 지금 내가 데이트하러 간다는 것도 깊은 꿈에 갇혀 있는 것만 같았다. 하지만 집 근처 버스정류장에서 내려서 그녀를 마주하고, 서로를 안아줬을 때, 비로소 말할 수 있었다.

"이거 꿈 아니지?"
"응, 꿈 아니야."
"고마워, 진짜."

아메리카노 한 잔
커피 연대기

나는 커피를 그리 즐겨 먹는 사람은 아니다. 어떤 원두가 어떻고, 어떤 커피가 단맛이 강하네 마네 같은 것에는 관심이 없다. 카페라테와 카페모카의 차이도 잘 모르는 내가 즐겨 마시는 커피란 고깃집의 공짜 '자판기 커피'뿐이었다. 간혹 어떤 카페는 달콤한 맛/깊은 맛의 원두 중 선택해 달라고 하는데, 그게 그거인 것 같아도 이왕이면 달콤한 게 나을 것 같아 달콤한 맛의 원두를 선택해본다. 그럼에도 막상 맛을 보면 익숙한 아메리카노일 뿐, 깊은 맛과 달콤한 맛의 차이를 느끼기 어려웠다. 깊은 맛이라고 해 봤자 조금 더 쓰고, 텁텁할 뿐 그 속에서 맛을 느끼기에는 내 미각세포는 너무도 둔감하다.

사실 커피를 처음 입에 댄 것도 그리 오래된 것은 아니다. 중학생 때까지 엄마는 나에게 커피를 마셔보라고 한 적이 없었다. 어렸을 때부터 커피에 입맛 들이면, 나중에 나이 먹어서 힘들다는 엄마의 지론 때문에 중학교 졸업 때까지 그 흔한 인스턴트 커피조차 마시지 못했다. 고등학교에 들어가고 나서 새벽까지 공부하는 일이 많아질 때, 책상 앞에서 꾸벅꾸벅 조는 나를 보면서 엄마는 이거라도 한번 먹어보라면서 커피 한

잔을 타 주셨다. 컵 속에 담긴 연갈색빛 액체에 달콤한 냄새가 물씬 올라오는 인스턴트 커피. 그 커피가 내 인생에서 처음 맛보는 커피였다. 한 모금, 두 모금 마실 때마다 혓바닥 뒤쪽에서 알 수 없는 쓴맛이 밀려왔다. 어렸을 때 한약이나, 물약을 먹었을 때 느꼈던 그 불쾌하고 당장에라도 뱉고 싶었던 그 쓴맛은 아니었다. 하지만 이런 커피를 맛있다고 매일 마시는 사람들이 이해가 되지 않았다. 엄마는 먹다 보면 단맛도 나고, 나중에는 그냥 설탕물 먹는 것처럼 느껴질 것이라고 웃으며 이야기하셨지만, 커피와의 첫 만남은 그리 유쾌하지는 않았다.

하지만 그 후로 졸릴 때면, 그때 마셨던 커피가 생각났다. 맛으로 마신다는 생각보다도 카페인으로 인한 단순한 각성 효과를 위해 한두 잔씩 마시곤 했다. 커피를 마시는 날이 하루, 이틀 늘어날수록 단순히 쓴맛으로만 마시던 커피에 점점 단맛이 느껴졌다. 커피의 맛을 알게 된 순간, 커피는 늦은 새벽에 공부를 하기 위한 단순한 각성 수단을 넘어, 달달한 맛을 느끼고자 마시는 하나의 기호 식품이 되었다. 가끔 부엌에서 커피를 타고 있으면, 엄마는 옆에서 "그 정도면 거의 커피에 중독된 것 아니냐."며 몸에도 안 좋은 건데 괜히 입맛 들이게 한 것 같다고 투덜대셨다. 심심할 때마다, 그리고 가끔 의자에 기대어 아무 생각 없이 앉아 있고 싶을 때면, 나는 습관적으로 커피를 찾았다. 하지만 어느 순간에는 커피에 손이 가지 않았다. 딱히 먹기 싫어졌다든지, 질린 것은 아니었지만, 아침마다 일일이 뜨거운 물을 붓고 믹스 커피를 꺼내 커피를 타는 것 자체가 점점 귀찮아졌다. 커피에 뭐 걸어 놓은 것도 아니고, 안 먹으면 죽는 병에 걸리는 것도 아닌데 굳이 이렇게 커피 마시는 것에 집착할 이유는 없었다. 어느 순간 카페인의 각성 효과에도 내성이 생겼는지 아침에 커피를 마셔도 막상 책상에 앉으면 꾸벅꾸벅 조는 일이 허다한데, 굳이 아침마다 비몽사몽한 상태에서 정성 들여서 커피를 마실 필요가 없었다.

그렇게 한동안 카페인과 거리를 두던 나는, 23살이 되던 해 우연찮게 시꺼멓고 텁텁한 그 음료를 만나게 되었다. 아마 시험 기간이었던 것으로 기억한다. 그날도 어김없이 빈 강의실에서 밤늦게까지 프린트를 붙들어 잡고, 머릿속에 내용들을 때려 박고 있을 때였다. 같이 공부하던 친구는 잠깐 바람 좀 쐬겠다면서 나갔다 오더니, 한 손에 아메리카노를 들고 왔다.

"그거 뭐야? 아메리카노야? 근데 뭐 그렇게 크냐. 거의 텀블러 크긴데?"

"어어, 졸려서 하나 사 왔어. 형도 마실래?"

사실 그전까지 아메리카노를 마셔 본 적이 없었다. 가끔 스타벅스 같은 카페를 가도 시그니처 초콜릿 같은 디카페인 음료만 마셨지, 아메리카노 같은 것을 굳이 돈 주고 마시지는 않았다. 단순히 싫어했다기보다는 달달하고 맛있는 것을 두고, 굳이 텁텁한 아메리카노나 카페라테 같은 것을 마실 이유가 없었다. 가끔 친구 것을 한 입씩 마셔 보긴 했어도 무슨 맛인지 도통 알 수 없는 그 씁쓸한 맛에 질색하곤 했다.

"아니, 나 아메리카노 별로 안 좋아해. 그거 겁나 쓰잖아."
"아니야, 이건 별로 안 써. 그런대로 먹을 만해."
"그래? 한 번 줘 봐." 아메리카노 맛이 달라 봐야 거기서 거기일 테지만, 그래도 속는 셈 치고 한 입 마셔 보기로 했다. 언제까지 초등학생처럼 카페에서 핫초코만 마실 수는 없는 노릇 아닌가. 쪼옵. 뭔가 그동안 마셔왔던 아메리카노 특유의 그 진한 맛과는 사뭇 달랐다. 그날 마셨던 아메리카노는 고작 한두 살 더 먹었다고 입맛도 덩달아 어른스러워진 건지 혓바닥에 착 달라붙는 느낌이었다.

"야, 이거 얼마냐?"
"제일 큰 사이즈가 2,500원이고, 제일 작은 사이즈가 1,500원인가 그럴걸?"
"뭐야, 겁나 싸네. 원래 아메리카노 한 잔에 4,500원씩 하지 않았냐?"
"요새 아메리카노 싸진 지가 언젠데. 스타벅스 같은 데 말고 작은 가게에서는 거의 1,000원이야."

그날 이후, 나는 아메리카노에 대해 품고 있었던 막연한 경계심을 조금 누그러뜨렸다. '저 시꺼먼 게 뭐가 맛있겠냐.'는 편협한 생각을 잠시 집어넣고, 아메리카노를 입에 대기 시작했다. 학교 수업을 들으러 가는 길에 1,000원짜리 아이스 아메리카노를 사 가기도 하고, 열람실에 시험

공부를 하러 가면서도, 점심을 먹고서 잠시 한가할 시간에는 카페에 늘 어지게 앉아 따뜻한 아메리카노 한 잔을 마시기도 했다. 생각해 보면 이렇게까지 습관적으로 마실 이유는 없었다. 여지껏 내 인생에서 아메리카노가 차지한 비중은 0%에 가까웠는데, 이제 와서 그것을 마시지 않는다고 해서 내 인생에 큰 지장이 생기는 것도 아니었다. 다른 마실 것도 많으면서 굳이 아메리카노를 찾아 마신 이유를 생각해 보면, 고작 그 한 잔을 마시면서 많은 생각을 할 필요가 없어서가 아닐까 싶다. 소위 말하는 '가성비'를 위해서 더 싼 것을 찾을 필요도, 더 맛있는 것을 찾기 위한 정신적인 노동을 할 필요도 없었다. 이를테면 '자바칩 프라푸치노' 같은 생소한 커피를 보고서, 일단 맛이 있을까 없을까를 판단하고, 메뉴판에 찍힌 국밥 한 그릇보다도 비싼 가격을 보면서 '진짜 저걸 먹어야 할까'라고 되묻는 귀찮은 일을 할 필요도 없다. 유통기한이 지난 썩은 원두를 사용한 것이 아닌 이상, 아메리카노는 어떤 카페를 가든 최소비용으로 최대효용을 낼 수 있는 가장 경제적인 커피다. 생각해 보면 아메리카노만큼 친근한 커피도 없다. 고작 해봐야 에스프레소에 물 탄 음료수일 뿐이지만, 이것만큼 길거리 어디를 돌아다녀도 사 마실 수 있는 커피가 있을까. 하다못해 홍대 골목에서 된장찌개 하나를 먹으려고 해도 한참을 돌아다녀야 밥집 비슷한 것을 찾을까 말까 하는데, 이 아메리카노는 못 마시는 게 바보일 정도로 지천에 널려 있지 않던가. 학교 근처라면 더 말할 것도 없다. 한 집 건너 하나에 크고 작은 카페들이 즐비하고, 따뜻한 아메리카노 한 잔을 1,000원에 파는 곳도 심심찮게 있을 정도니, 거짓말 좀 보태서 학교 앞에서는 물보다 마시기 쉬운 게 아메리카노일 수도 있다.

　최근에는 이 아메리카노를 출근하면서 아침밥처럼 마시곤 했다. 아침에 눈 떠서 화장실의 수도꼭지 트는 것도 귀찮아서 죽을 것 같은데, 밥을 챙겨 먹을 리 없었다. 그래도 뭐라도 먹어야 했다. 아무것도 먹지 못한 상태로, 쉴 새 없이 울려대는 꼬르륵 소리와 함께 빈 속에 점심시간까지 버티는 것은 고문에 가까웠다. 하지만 그렇다고 해서, 샌드위치나 토스트 같은 것을 먹기에는 시간이 턱없이 모자랐고, 오만 냄새를 풍기면서 흘러내리는 토핑들을 감당할 자신도 없었다. 가뜩이나 출근 때문에 예민한데 이른 아침부터 불필요한 스트레스를 받고 싶지 않았다. 이도 저도 먹기 애매할 때면, 집 근처 카페에서 아메리카노를 마셨다. 이른 아침에 문을 여는, 동네에서 몇 안 되는 곳이었다. 나는 매일 아침 7시 45분에 이곳에서 따뜻한 아메리카노를 주문했다. 잠깐 의자에 앉아 있으면, 나뿐만 아니라 이런저런 사람들이 오고 갔다. 아침부터 도서관에 가는 사람들, 정장을 입고 출근하는 사람들… 다들 어딘가 초췌한 눈으로 자기가 주문한 커피를 기다리고 있었다. 나 역시 아침에도 수십 번씩 '출근하기 싫다, 출근하기 싫다'를 입에 달고 사는데 이 사람들이라고 크게 다를까 싶었다. 저마다 하기 싫은 일들을 시작하고 끝내기 위해, 이 이른 시간에 깨어 있는 게 아니겠는가.

"주문하신 아메리카노 나왔습니다~"

손가락 하나 까딱하기 싫고, 눈에 힘주는 게 귀찮지만 힘겹게 카운터 위에 올려진 컵을 들었다. 빨대를 꽂고, 한 입 짧게 들이켰다. 아침마다 마시는 아메리카노의 첫 한 모금은 항상 뜨겁고, 씁쓸하기만 하다. 입천장에 달라붙는 끈적한 커피 향은 어김없이 입 한구석에서 허연 살점을 떼어내려 한다. 입 안이 심히 거슬린다. 혓바닥으로 입 안쪽을 긁어내고, 뜯어낸 살점을 뱉어냈다. 빨대를 꽂고 마시지 않으면 될 일이지만, 그런 걸 아침마다 기억할 정신 따위는 없다. 버스 정류장에 걸터앉아 버스가 오기 전까지 남은 커피를 그저 열심히 빨아 먹는 수밖에 없다. 정류장의 전광판은 아직까지 조용하다. 몸속에 서서히 스며들며, 멍한 정신을 대차게 깨워대는 카페인과 함께 오늘도 하루가 시작된다.